Stefan Barme

EINFÜHRUNG IN DAS ALTSPANISCHE

ibidem-Verlag
Stuttgart

Bibliographic information published by the Deutsche Nationalbibliothek
Die Deutsche Nationalbibliothek lists this publication in the Deutsche Nationalbibliografie; detailed bibliographic data are available in the Internet at http://dnb.d-nb.de.

Bibliografische Information der Deutschen Nationalbibliothek
Die Deutsche Nationalbibliothek verzeichnet diese Publikation in der Deutschen Nationalbibliografie; detaillierte bibliografische Daten sind im Internet über http://dnb.d-nb.de abrufbar.

Second edition

ISSN: 1862-2909

ISBN-13: 978-3-8382-0803-9

Printed in the United States of America

Vorwort

Seit der Darstellung des Meyer-Lübke-Schülers Adolf Zauner ([2]1921) ist in der deutschsprachigen Romanistik keine übersichtliche Einführung in das Altspanische mehr vorgelegt worden (das *Altspanische Elementarbuch* von Metzeltin (1979) ist nicht zuletzt aufgrund seines Alters und gravierender didaktischer Schwächen sowie inhaltlicher Lücken als Einstieg für Anfänger beziehungsweise als Seminarlektüre völlig ungeeignet). Ziel des vorliegenden Bandes ist es, den Studierenden der Romanistik/Hispanistik und interessierten Romanisten/Philologen einen Überblick über das Altspanische zu verschaffen und somit das seit beinahe 100 Jahren bestehende Publikationsdesiderat zu erfüllen.

In der folgenden Beschreibung des Altspanischen wird zwar auch die externe Sprachgeschichte behandelt, doch liegt der Schwerpunkt auf den sprachstrukturellen Veränderungen, die auch anhand unterschiedlicher Texte aus den einzelnen Entwicklungsphasen des Altspanischen veranschaulicht werden – eine umfassende Präsentation der internen Sprachgeschichte des Altspanischen wird dabei nicht angestrebt.

Trier, im Sommer 2014

Inhalt

Abkürzungen

Abb.	Abbildung	kelt.	keltisch
ahd.	althochdeutsch	klt.	klassisch-lateinisch
arab.	arabisch	lat.	lateinisch
asp.	altspanisch	mlat.	mittellateinisch
bzw.	beziehungsweise	nsp.	neuspanisch
CIL	Corpus Inscriptionum Latinarum	pg.	portugiesisch
frz.	französisch	rum.	rumänisch
germ.	germanisch	sic	tatsächlich so
got.	gotisch	sog.	sogenannt
gr.	griechisch	sp.	spanisch
ib.	ibidem, ebenda	splt.	spätlateinisch
it.	italienisch	s.v.	sub voce ‘unter d. Ausdruck’
Kap.	Kapitel	vlt.	vulgärlateinisch
kastil.	kastilisch	z.B.	zum Beispiel
kat.	katalanisch		

Symbole

>	wird zu
<	entsteht aus
→	wird ersetzt durch
*	nicht belegte, erschlossene Form
[ ]	phonetische Umschrift
/ /	Phonem
‹›	Graphem; Graphie
‘’	Bedeutung
MAJUSKELN	Etyma von Erbwörtern
a-	Anlaut
-a-	Inlaut
-a	Auslaut
ē, ō	Langvokal
ĕ, ŏ	Kurzvokal
[e:]	phonetische Darstellung eines klassisch-lateinischen Langvokals
ε, ɔ	offenes *e, o*
e, o	geschlossenes *e, o*
é, á	Hauptton (in der phonetischen Transkription wird der Hauptton teilweise durch Abstrich angezeigt, teilweise jedoch auch durch den Akutakzent: [fa'milja] = [famílja])
è, à	Nebenton
[j]/[i̯]	Approximant [j]
[w]/[u̯]	Approximant [w]

1. Zur Periodisierung des Spanischen

Bei der Betrachtung der Geschichte einer historischen Einzelsprache lassen sich unterschiedliche Phasen ausmachen, wobei die Einteilung in verschiedene Epochen, die Periodisierung, auf ganz unterschiedlichen Kriterien basieren kann. So kann die Sprachgeschichte etwa rein chronologisch nach Jahrhunderten unterteilt werden, nach einschneidenden Daten der politischen Geschichte, nach Phasen der Literaturgeschichte oder auch nach der Entwicklung des Sprachsystems (vgl. Bollée & Neumann-Holzschuh 2003, 8). Da in der hier präsentierten Darstellung des Altspanischen der Fokus auf der internen Entwicklung der spanischen Sprache liegt, folgen wir der Periodisierung von Eberenz (1991), da sie auf eben diesem Kriterium beruht, dabei jedoch bedeutende Aspekte der externen Sprachgeschichte, wie etwa die sprachlichen und kulturellen Eingriffe Alfons' des Weisen, nicht gänzlich ausblendet. Eberenz (ib., 105f.) unterscheidet die drei folgenden Epochen der spanischen Sprachgeschichte:

1. 1200–1450: Die Periode des **Altspanischen** („época antigua") ist durch eine relative Stabilität der grundlegenden Strukturen der Schriftsprache geprägt, was primär als Ergebnis der Reformbemühungen Alfons des Weisen zu betrachten ist.

2. 1450–1650: Die Epoche des **Mittelspanischen** („etapa media") zeichnet sich durch eine Reihe markanter Veränderungen im lautlichen und morphosyntaktischen Bereich aus.

3. 1650–heute: Das **Neuspanische** ist durch ein recht hohes Maß an Stabilität charakterisiert: Im 17. Jahrhundert kommt es zu einer weitgehenden Konsolidierung des Sprachsystems, und im 18. Jahrhundert nimmt das Spanische seine moderne Form an.[1]

Es ist wichtig zu betonen, dass diese drei Perioden die wichtigsten und gleichzeitig die am besten dokumentierten, jedoch keineswegs sämtliche Phasen der spanischen Sprachgeschichte repräsentieren. Denn die Sprachgeschichte des Spanischen *im engeren Sinne* beginnt bereits mit der Übergangszeit vom 6. bis

[1] Die Periodisierung von Eberenz stimmt weitgehend mit der traditionellen Dreiteilung überein: „español medieval", „español clásico" (bzw. „español de los Siglos de Oro") und „español moderno" (vgl. Torrens Álvarez 2007, 185).

zum 11. Jahrhundert, da sich während dieser Zeit aus dem Lateinischen frühe Formen des Romanischen herausgebildet haben. Die Sprachgeschichte des Spanischen *im weiteren Sinne* umfasst demgegenüber auch die Geschichte und die Besonderheiten des Lateinischen auf der Iberischen Halbinsel, wobei diesbezüglich auch die vorrömischen Sprachen einzubeziehen sind, da diese die Physiognomie des hispanischen Lateins bis zu einem gewissen Grad beeinflusst haben. Wir beschränken uns im Folgenden auf das Altspanische und behandeln den Zeitraum vom vorrömischen Hispanien (der ältesten „Vorgeschichte" des Spanischen) bis einschließlich des 14. Jahrhunderts.

2. Geschichte und Struktur des Altspanischen

2.1 Die vorrömischen Substrate

Als die Römer die Iberische Halbinsel ihrem riesigen Imperium einverleibten (s.u. 2.2), lebten dort bereits viele unterschiedliche Volksstämme mit eigenen Kulturen und Sprachen. Die wichtigsten dieser Völker, bei denen zwischen Indogermanen und *Nicht*-Indogermanen unterschieden werden kann,[2] waren die folgenden:

Indogermanen: Kelten, Lusitaner, Asturer, Kantabrer
Nicht-Indogermanen: Iberer, Tartessier/Turdetaner, Basken

Die Kelten sind ab dem 1. Jahrtausend v. Chr. aus Mitteleuropa auf die Iberische Halbinsel gekommen; die Herkunft der Lusitaner ist ungeklärt, ihre Sprache ist möglicherweise einem archaischen Zweig des Indogermanischen zuzuordnen; die Asturer und Kantabrer werden vielfach dem Lusitanischen zugerechnet. Nur wenig weiß man über die drei nicht-indogermanischen Völker und ihre Sprachen. Die Iberer, deren Ethnonym sich von *Iberus*, dem antiken Namen des Ebro herleitet (< iberisch *iber* 'Fluss'), besaßen ebenso wie die wahrscheinlich nicht mit ihnen verwandten Tartessier/Turdetaner eine eigene Schrift; das Baskische nimmt insofern eine Sonderstellung ein, als es die einzige vorrömische Sprache ist, die bis in unsere Tage überlebt hat.

Neben diesen und weiteren kleineren Volksgruppen gab es auf der Iberischen Halbinsel vor der Eroberung durch die Römer auch noch phönizische, griechische und karthagische (punische) Handelskolonien:

phönizisch: *Cádiz*, *Málaga*
griechisch: *Empúries* (Emporion)
karthagisch (punisch): *Cartagena*, *Mahón* (Menorca)

Die Sprachen der von den Römern unterworfenen Volksstämme haben im Lateinischen ihre Spuren hinterlassen, da die betreffenden Sprecher sich das Latei-

---

[2] Die Indogermanen waren Volksstämme, deren Urheimat sich vermutlich im östlichen Europa, westlich des Urals befand. Etwa um das Jahr 4000 v. Chr. wanderten einige Stämme Richtung Westen nach Zentraleuropa ab, andere zogen Richtung Südosten bis in den indischen Raum hinein. Bis auf wenige Ausnahmen (v.a. Baskisch, Finnisch, Ungarisch und Türkisch) gehören alle heute in Europa beheimateten Sprachen zur indogermanischen (indoeuropäischen) Sprachfamilie.

nische natürlich vor dem Hintergrund ihrer jeweiligen Muttersprache aneigneten. Als besiegte, unterlegene Völker haben sie das Lateinische sozusagen von unten beeinflusst, was zur der sprachwissenschaftlichen Bezeichnung Substrat bzw. Substrateinfluss geführt hat (lat. *sub* 'unten'), wobei der Bestandteil *-strat* (< lat. STRATUM 'Schicht, Decke') sich auf das Lateinische als die dominierende Sprache bzw. Sprachschicht bezieht. Insgesamt ist zu sagen, dass der Substrateinfluss der vorrömischen Sprachen auf das Lateinische recht gering ausfällt und weitgehend auf einige Elemente des Wortschatzes sowie auf Ortsnamen (Toponyme) beschränkt ist (vgl. hierzu sowie zum Folgenden Bollée & Neumann-Holzschuh 2003, 14–19).

Keltisch:

- einige Realia des Alltags: sp. *camisa* < lat. *camisia*, sp. *carro* < lat. *carros*, sp. *cerveza* < lat. *cerevisia*
- einige Bezeichnungen für Pflanzen, Tiere und Dinge aus dem Bereich der bäuerlichen Kultur: sp. *berro* 'Kresse', sp. *abedul* 'Birke'
- Elemente in einigen Ortsnamen: *sego*, *segi* ('Sieg'): *Segovia*; *-dunum* ('befestigter Ort'): *Navardún* (Zaragoza), *Berdún* (Huesca); *-acum* ('Zugehörigkeit eines Gutes zu einer Person'): *Luzaga*, *Buitrago*; keltisch ist z.B. auch der Ortsname *Coruña*.

Im Bereich der Lautung *könnten* die beiden folgenden Phänomene keltischem Substrateinfluss zuzuschreiben sein:

- die westromanische Sonorisierung der intervokalischen stimmlosen Okklusivlaute (Verschlusslaute): *-p-*, *-t-*, *-k-* > *-b-*, *-d-*, *-g-*
- die Entwicklung von lat. *-ct-* zu *-it-*, die im Kastilischen bis zum Nexus *-tš-* führt: lat. *nocte(m)* > sp. *noche*

Baskisch:

- Wortschatzelemente: sp. *izquierdo* 'links' (< bask. *ezker*), sp. *vega* 'Aue, fruchtbare Ebene', sp. *pizarra* 'Schiefer(tafel)'
- lexikalische Elemente in Personen- und Ortsnamen: *berri* 'neu', *etxe* 'Haus': bask. *Etxeberri* > sp. *Echeberri*; *aran* 'Tal' (Valle d'Arán)
- Personennamen: *García*, *Jimeno*, *Sancho*, *Íñigo*

In der Lautung ist möglicherweise der sich im Spanischen vollziehende Wandel [f] > [h] (lat. *filiu(m)* > sp. *hijo*) auf einen Einfluss seitens des Baskischen zurückzuführen.

Iberisch:

Ortsnamen: *Iberus* > *Ebro*; Namen mit *Ili-*: *Iliberis* > *Elvira* (bei Granada)

Tartessisch/Turdetanisch:

Namen mit *-ippo* und *-uba*: *Corduba* > *Córdoba*; *Ulisippo* > *Lisboa* (Lissabon)

Neben den genannten Substrateinflüssen gibt es im Spanischen weitere vorrömische Elemente, deren genaue Herkunft jedoch strittig ist:

Wortschatz: *conejo*, *cama*, *manteca*, *madroño* ('Erdbeerbaum'), *bruja*, *barro* ('Lehm, Schlamm'), *losa* ('Steinplatte')

Morphologie:

-arro, *-orro*, *-urro*:	*machorra* ('unfruchtbares Schaf')
-ieco, *-ueco*:	*morueco* ('Schafbock')
-iego:	*mujeriego* ('Frauenheld'), *solariego* ('altadlig')
-asco, *-asca*:	*nevasca* ('Schneesturm'), *borrasca* ('Sturm; Unwetter')
-az, *-ez*, *-oz*, *-uz*:	in Personennamen (*Muñoz*, *Sánchez*, *Jiménez* etc.)

2.2 Eroberung und Romanisierung Hispaniens

Die römische Eroberung der Iberischen Halbinsel begann im Jahre 218 v. Chr. und war erst zweihundert Jahre später, im Jahre 19 v. Chr., abgeschlossen (zum Vergleich: Cäsar eroberte Gallien in nur sieben Jahren). Die Römer hatten ursprünglich gar keine Eroberung der Iberischen Halbinsel beabsichtigt, warum kam es dennoch dazu? Der Erzfeind der Römer im Mittelmeerraum, Karthago, hatte im ersten Punischen Krieg (264–241 v. Chr.) Sizilien, Sardinien und Korsika an Rom verloren, woraufhin es sich an die Eroberung der Pyrenäenhalbinsel machte, u.a. auch wegen der reichen Bodenschätze. Als Hannibal das an der Westküste der Halbinsel gelegene Sagunt angriff, das mit Rom verbündet war, mussten die Römer eingreifen (Cato der Ältere: „Cetero censeo Carthaginem esse delendam" („Im Übrigen glaube ich, dass Karthago zerstört werden muss")). Im zweiten Punischen Krieg (218–201 v. Chr.) besiegt Rom die Karthager erneut und teilt die Halbinsel in zwei Verwaltungsbezirke: die *Hispania citerior* und die *Hispania ulterior*. Die Citerior, das Territorium, das von Rom aus gesehen diesseits der Straße von Gibraltar lag, umfasste die Küste der Iberischen Halbinsel von den Pyrenäen bis hinunter nach Almería, und die Ulterior, also das Gebiet jenseits der Straße von Gibraltar, war zunächst in etwa deckungsgleich mit dem heutigen Andalusien. Erst als Augustus 19 v. Chr. die Asturer und Kantabrer, die letzten noch unabhängigen Stämme im schlecht zugänglichen Bergland im Norden besiegt hatte, war die politische und militärische Unterwerfung der Iberischen Halbinsel abgeschlossen. In dem neu eroberten Gebiet implementierten die Römer das römische Recht, sorgten für Verwaltung und Infrastruktur (Bau von Straßen, Brücken, Wasserleitungen etc.), und schließlich setzte die Romanisierung der vorrömischen Völker ein, was bedeutet, dass diese sukzessive ihre herkömmliche Lebensweise aufgaben und den römischen *way of life* übernahmen (in der Sozialstruktur, im Rechtswesen, in der Architektur, Kleidung, Kunst, Religion etc.). Der für die Sprachgeschichte entscheidende Teilaspekt dieser Romanisierung ist die Latinisierung, die Aufgabe der jeweiligen Muttersprache (Iberisch, Lusitanisch usw.) und die Übernahme der Sprache der Eroberer, des Lateinischen. Die Römer haben den von ihnen unterworfenen Völkern ihre Sprache jedoch nie aufoktroyiert, und sie haben auch niemals eine aktive Sprachpolitik betrieben; die römische Kultur und somit auch die lateinische Sprache genossen vielmehr so viel Prestige, dass die besiegten Volksgruppen begierig waren, diese Sprache zu lernen. Nur punktuell gab es in Hispanien Widerstände gegen die Romanisierung und Latinisierung und so hielten sich einige vorrömische Sprachen im Zentrum und im Norden noch bis in die Kaiserzeit hinein – erst zur Zeit der Westgoten galt die gesamte Halbinsel als vollständig latinisiert (vgl. Bollée & Neumann-Holzschuh 2003, 30).

In der neueren Forschung geht man im Unterschied zu früheren Annahmen davon aus, dass das Sprechlatein in der Romania, auch wenn es sicherlich geographische, soziale, stilistische und diachrone Varianten gab, bis zum 7. Jahrhundert doch eine weitgehende Einheitlichkeit bewahrt hat. Was das hispanische Latein betrifft, herrschte lange Zeit die Auffassung vor, dass sich diese Varietät im Vergleich zum Latein der übrigen Romania durch archaische, konservative Züge auszeichne. Neuere Forschungsergebnisse zeigen jedoch, dass die archaischen Elemente weitgehend auf den Wortschatz beschränkt sind, während sich die Lautung und die Grammatik als innovationsfreudiger erweisen. Zu den morphosyntaktischen Neuerungen des hispanischen Lateins zählt beispielsweise die sogenannte differentielle Objektmarkierung (DOM), d.h. die Markierung eines personalen direkten Objekts mittels der vorangestellten Präposition *a* (< lat. AD). Eine morphologische Innovation ist der Wegfall der dritten (konsonantischen bzw. kurzvokalischen) Konjugation auf *-ĕre*, die vor allem von der zweiten Konjugation, der *e*-Konjugation (*-ēre*), sowie teilweise auch von der dritten, der *i*-Konjugation (*-īre*), „übernommen" wird: CADERE > *caer*, RECIPERE > *recibir*. Innovationen finden sich aber durchaus auch in der Lexik:

FRATER → GERMANUS > sp. *hermano* ('Bruder')
FIRMARE → SERARE > sp. *cerrar* ('schließen')
SERA → TARDIS > sp. (*la*) *tarde* ('Abend')
(vgl. Bollée & Neumann-Holzschuh 2003, 38)

Was die Romanisierung anbelangt, so ist im Hinblick auf die Herausbildung des Spanischen von Bedeutung, dass der Romanisierungsprozess das kantabrische Bergland, die Heimat des Kastilischen, offensichtlich am wenigsten erfasst hat: Hier sind keine römischen Villen nachgewiesen, es gibt nur ganz wenige lateinische Inschriften und frühchristliche Zeugnisse, und die römischen Garnisonen befanden sich in Galicien und Asturien, jedoch nicht in Kantabrien. Hinzu kommt die zeitliche Staffelung der Romanisierung der Iberischen Halbinsel: Sie begann im Nordwesten zu einem Zeitpunkt, als sie im südlichen Teil schon fast vollständig abgeschlossen war. Diese späte und eher oberflächliche Romanisierung mag einer der Gründe dafür sein, dass das Kastilische in seiner Entwicklung im Vergleich zu den anderen ibero-romanischen Sprachen als innovativ zu charakterisieren ist und somit eine Sonderstellung einnimmt (siehe hierzu unten in 2.5.2.3).

2.3 Das westgotische Superstrat

Die römische Herrschaft über die Iberische Halbinsel endete im 5. Jahrhundert, als verschiedene Volksstämme von jenseits der Pyrenäen in Hispanien eindrangen: die ostgermanischen Wandalen, die westgermanischen Sueben sowie Reste des iranischen Steppenvolkes der Alanen. Während die Alanen nach kurzer Zeit vernichtet wurden, hielten sich die Wandalen von 409–429 im Süden der Halbinsel, wurden dann jedoch von den Westgoten vertrieben und zogen nach Afrika weiter. Lediglich die Sueben, die sich im Nordwesten ein eigenes Reich schufen, konnten sich längere Zeit halten, bis auch sie gegen Ende des 6. Jahrhunderts von den Westgoten verdrängt wurden. Die Westgoten hatten zu Beginn des 5. Jahrhunderts Rom eingenommen und waren anschließend nach Südfrankreich weitergezogen, wo sie das Tolosanische Westgotenreich mit der Hauptstadt Tolosa (das heutige Toulouse) gründeten. Nachdem sie 507 von den Franken besiegt worden waren, ließen sie sich auf der Iberischen Halbinsel nieder, etablierten dort ein neues Reich und machten Toledo zu ihrer Hauptstadt. Nachdem die Iberische Halbinsel rund 700 Jahre von den Römern beherrscht wurde (von 219 v. Chr. bis zum Beginn des fünften nachchristlichen Jahrhunderts), übernahmen Anfang des 6. Jahrhunderts die germanischen Westgoten die Herrschaft, die im Jahre 711 mit dem Einfall der Araber endete.

In der Anfangszeit waren die Westgoten und die Hispano-Romanen deutlich voneinander getrennt, weil ihr arianischer Glaube den Goten eine Vermischung (Mischehen) mit den Romanen verbot. Es kam hinzu, dass die Westgoten vor allem in ländlichen Gebieten siedelten, während die Romanen vorzugsweise in den Städten lebten. Die Situation änderte sich erst mit dem Übertritt des westgotischen Königs Rekkared zum Katholizismus im Jahre 589. Um das Jahr 654 wurde ein gemeinsames Gesetzbuch für die Westgoten und die Romanen in lateinischer Sprache verfasst, die *Lex Visigothorum*. Da die Westgoten seit dem 4. Jahrhundert in Dakien und später auch in Italien und in Südfrankreich in engem Kontakt mit den Römern gestanden hatten und daher mit deren Lebensweise, Kultur und Sprache vertraut waren, übernahmen sie das Lateinische der Hispano-Romanen ziemlich schnell und bereits im Laufe des 7. Jahrhunderts war die gotische Sprache von der Bildfläche verschwunden. Dies bedeutet, dass es zu keiner längeren Periode einer Zweisprachigkeit kam, was eine der Erklärungen dafür ist, warum der Einfluss des Westgotischen auf das hispanische Latein bzw. Frühromanisch nur sehr gering ausfällt.[3] In der Forschungsliteratur werden weitere Gründe genannt, wie etwa die Tatsache, dass die Westgoten, die nach dem

[3] Hier zeigt sich ein markanter Gegensatz zu den Verhältnissen in Frankreich, wo es zu einer langen Phase des Bilinguismus Fränkisch-Lateinisch/Frühromanisch kam, was eine relativ starke Beeinflussung des Romanischen durch die fränkische Sprache zur Folge hatte.

Zerfall des Tolosanischen Reiches nach Hispanien einwanderten, im Vergleich zu den Romanen eine zahlenmäßig nur sehr kleine Bevölkerungsgruppe darstellten: Nach Schätzungen belief sich ihre Zahl nur auf ungefähr Zweihunderttausend (vgl. Hilty 2007a, 89).

Wenn die Eroberer ihre Muttersprache zugunsten der Sprache der Besiegten aufgeben und dabei Elemente aus ihrer ursprünglichen Sprache in die neu übernommene Sprache einfließen lassen, spricht man in der Sprachwissenschaft in Analogie zum Substrateinfluss von einem Superstrateinfluss, da ja in diesem Fall die Beeinflussung sozusagen von oben, von den Eroberern ausgeht (lat. *super* 'oben, über'). Der Superstrateinfluss des Westgotischen auf das hispanische Latein zeigt sich vor allem in zahlreichen Personen- und Ortsnamen, wobei letztere vor allem in Galicien und in Portugal begegnen (vgl. Lapesa 2008, 111):
Personennamen: Alfonso, Adolfo, Elvira, Fernando, Álvaro, Gonzalo, Rodrigo, Ramiro etc.
Ortsnamen: Guitiriz, Mondariz, Gomariz, Allariz, Gomesende, Gondomar etc.
Was Einflüsse auf den Wortschatz anbelangt, so wird bei mehr als 100 Wörtern ein westgotischer Ursprung diskutiert, und nur bei rund 20 gilt die westgotische Herkunft als weitgehend sicher; hierzu zählen beispielsweise: *escanciar* ('Wein ausschenken'), *espía* ('Spion'), *ganso* ('Gans'), *ganar* ('gewinnen'), *sacar* ('herausnehmen') (vgl. hierzu Bollée & Neumann-Holzschuh 2003, 42; Lapesa 2008, 110f.).

In der Morphologie stellt nur das Suffix *-ing* > *engo*, das in einigen wenigen Ableitungen lateinischer Wörter begegnet, westgotisches Erbe dar: *abadengo* ('zu einer Abtei gehörig; Besitzer eines geistlichen Gutes'), *realengo* ('Krongut') (vgl. Bollée & Neumann-Holzschuh 2003, 42).

Weitaus bedeutender als der sprachliche Einfluss der Westgoten ist für die Sprachgeschichte der Iberischen Halbinsel die Tatsache, dass durch den Einfall der Westgoten und der anderen Volksstämme das ursprünglich einheitliche hispano-römische Herrschaftsgebiet in einzelne Germanenstaaten zerstückelt wurde und die engen Kontakte zu Rom sowie zu den übrigen Gebieten der Romania zum Erliegen kamen. Dies hatte zur Folge, dass das Lateinische der Pyrenäenhalbinsel nun Entwicklungstendenzen entfalten konnte ohne die ausgleichende bzw. korrigierende Einwirkung seitens der benachbarten Gebiete der Romania sowie vor allem auch von Rom (vgl. Lapesa 2008, 112).

2.4 Das arabische Adstrat

Nach der Romanisierung war das wichtigste Ereignis für die Sprachgeschichte des Spanischen und der übrigen ibero-romanischen Sprachen die Eroberung der Iberischen Halbinsel durch die Araber im Jahre 711 und deren fast 800 Jahre währende Herrschaft, die bekanntlich erst im Jahre 1492 mit dem Fall von Granada ihr Ende fand. Die arabische Besetzung war aus zwei Gründen für die Sprachlandschaft der Halbinsel von besonderer Bedeutung: Zum einen hat das Arabische infolge des engen Kontaktes zu den Romanen in den verschiedenen romanischen Idiome seine Spuren hinterlassen, zum anderen – und dies ist von weitaus größerer Bedeutung – ist die Ausgestaltung der heutigen Sprachlandschaft der Iberischen Halbinsel eine direkte Folge der Rückeroberung (Reconquista) der arabisch besetzten Gebiete durch die Christen. Die Reconquista und deren Auswirkungen auf die sprachliche Physiognomie der Pyrenäenhalbinsel werden unten in 2.5 behandelt, im Folgenden wollen wir uns daher auf die Behandlung anderer Aspekte beschränken: Wie stellte sich die sprachliche Situation in *Al-Andalus*[4] nach dem Einfall der Araber dar, in welchen Bereichen zeigen sich arabische Einflüsse auf das Spanische und wie sind diese zu bewerten?

Die arabische Kultur war der christlichen Kultur im frühen Mittelalter deutlich überlegen, was sich vor allem in den Wissenschaften, im Handel sowie im Siedlungs- und Wohnungsbau zeigte. Wie wir schon bezüglich des Verhältnisses zwischen vorrömischen Völkern und Westgoten einerseits und den Römern andererseits gesehen haben, wirkt eine eindeutig überlegene Kultur anziehend auf Außenstehende, die schließlich die Nähe der besonders prestigeträchtigen, dominanten Kultur suchen. So sind viele Christen (Romanen) nach der arabischen

[4] In der Literatur wird *Al-Andalus* mitunter mit dem Süden der Halbinsel oder gar mit dem Süden des heutigen Spanien gleichgesetzt, was jedoch falsch ist. *Al-Andalus* meint den ganzen von Arabern besetzten Teil der Iberischen Halbinsel, was bedeutet, dass dazu beispielsweise auch Lissabon, Toledo, Zaragoza und Valencia gehörten, solange sie sich in den Händen der Araber befanden. Vom 8. bis zum Beginn des 11. Jahrhunderts umfasste Al-Andalus den Süden, das Zentrum sowie einen größeren Teil des Nordostens der Iberischen Halbinsel (vgl. Bustos Tovar 2004a, 271).

Eroberung zum Islam übergetreten (diese Bevölkerungsgruppe wird in der Forschung als *Muladíes* bezeichnet) (vgl. hierzu sowie zum Folgenden Bossong 2007, 66–73). Andere Romanen, die *Mozaraber* (< arab. *musta 'rab* ‘arabisiert’), blieben zwar ihrem christlichen Glauben treu, doch waren sie von der arabischen Kultur durchdrungen, die sie bewunderten; neben Mozarabisch, dem romanischen Idiom von *Al-Andalus*, beherrschten sie daher auch das Arabische. Schließlich gab es auf der Pyrenäeninsel auch Juden, die hier schon lange vor dem Eindringen der Araber ansässig waren und Romanisch sprachen. Die gebildeten Juden kannten daneben aber auch die „heilige Sprache“, das Hebräische, was ihnen die Übernahme des Arabischen, das ebenso wie das Hebräische eine semitische Sprache ist, erleichterte. In Al-Andalus lebten Muslime, Christen und Juden lange Zeit weitgehend friedlich zusammen (die sog. *convivencia*), was einen regen kulturellen und auch sprachlichen Austausch ermöglichte. *Al-Andalus* entwickelte sich so zu einem zweisprachigen Kulturraum, fast jeder Bewohner des Landes konnte Arabisch (genauer gesagt den hispanoarabischen Dialekt) und Mozarabisch:

Mozaraber:	Mozarabisch – dialektales Arabisch
Muladíes:	Mozarabisch – dialektales Arabisch
Araber:	dialektales Arabisch – z.T. auch Mozarabisch
Juden:	Mozarabisch – dialektales Arabisch

Im Einzelnen war die sprachliche Situation jedoch sehr viel komplexer: Die gebildeten Christen beherrschten außer dem Mozarabischen (und eventuell dem dialektalen Hispano-Arabisch) auch das Lateinische, die Mozaraber waren zudem auch noch mit dem Hocharabischen als Kultursprache vertraut; auch die gelehrten Juden waren mit dem klassischen Arabisch vertraut, sie beherrschten darüber hinaus noch das Hebräische und das Griechische, wobei das Hebräische jedoch lediglich als Schriftsprache fungierte, in keinem Fall Mutter- oder Umgangssprache war; gebildete Araber waren natürlich auch des klassischen Arabisch mächtig. Wenn wir einmal von einigen berberischen Dialekten absehen, die in späteren Jahrhunderten mit berberischen Söldnern auf die Halbinsel kamen, so gab es in Al-Andalus nicht weniger als drei Schrift- bzw. Distanzsprachen (Hocharabisch, Latein und Hebräisch) sowie zwei Umgangssprachen bzw. Nähesprachen: dialektales Arabisch und Mozarabisch (Romanisch).

Das skizzierte Miteinander der Sprachen führte dazu, dass in Al-Andalus Arabismen in das Romanische der Mozaraber eingedrungen sind und über diese Bevölkerungsgruppe dann auch Eingang in andere romanische Varietäten fanden. Aber auch die umgekehrte Einflussnahme ist zu verzeichnen: Das dialektale Arabisch der Iberischen Halbinsel hat seinerseits auch einige Romanismen aufgenommen.

Was die Arabismen im Romanischen, genauer gesagt im heutigen Spanisch, anbelangt, so erstaunt ihr sehr geringer Gebrauchswert: Im spanischen Wortschatz gibt es zwar mehr als 1000 Arabismen, und rechnet man die Ortsnamen hinzu, dann sind es sogar noch sehr viel mehr Entlehnungen aus dem Arabischen, doch unter den 5000 häufigsten Wörtern des Spanischen finden sich gerade einmal 36 Arabismen (vgl. Bollée & Neumann-Holzschuh 2003, 48). Dennoch repräsentiert das Arabische nach dem Lateinischen die zweitwichtigste Quelle für die Lexik des Spanischen (vgl. zum Folgenden v.a. Bollée & Neumann-Holzschuh 2003, 48–51):

a) Wortschatz:

Kriegswesen:	*tambor* 'Trommel', *atalaya* 'Wache; Wachturm, Aussichtsturm'
Ackerbau, Gartenkultur:	*noria* 'Schöpfrad', *alubia* 'Bohne', *zanahoria* 'Karotte', *aceituna* 'Olive', *azúcar* 'Zucker', *algodón* 'Baumwolle', *berenjena* 'Aubergine'
Arbeitswelt, Handwerk:	*tarea* 'Arbeit, Aufgabe', *taza* 'Tasse', *jarra* 'Krug'
Handel und Verkehr:	*almacén* 'Lagerhaus', *maravedí* 'Goldstück', *quintal* 'Zentner'
Siedlung, Haus, Wohnung:	*arrabal* 'Vorstadt', *barrio* 'Stadtviertel', *aldea* 'Dorf', *albañil* 'Maurer', *almohada* 'Kissen', *alfombra* 'Teppich'
Speisen, Instrumente, Spiele:	*arrope* 'Sirup', *laúd* 'Laute', *ajedrez* 'Schach', *azar* 'Glücksspiel'
Institutionen, Rechtspflege:	*alcalde* 'Bürgermeister', *alguacil* 'Gerichtsvollzieher'

Mathematik:	*álgebra, algoritmo, cifra* 'Ziffer, Zahl', *cero* 'Null'
Alchimie:	*alquimia* 'Alchimie', *alambique* 'Destillierkolben', *alcohol, elixir* 'Heiltrank; Zaubertrank'
Medizin:	*nuca* 'Nacken', *bazo* 'Milz'
Astronomie:	*cenit*, Sternnamen wie *Aldebarán, Vega* usw.

Über arabische Vermittlung gelangten Wörter aus anderen Sprachen ins Spanische:

aus dem Persischen:	*jazmín, naranja, azúcar, azul*
aus dem Griechischen:	*arroz, alambique*
aus dem Lateinischen:	*alcázar* (< CASTRUM)

Bei den Arabismen handelt es sich in erster Linie um Substantive, vor allem um Konkreta (s.o.), es finden sich nur wenige Abstrakta, wie z.B. *alborozo* 'Freude; Jubel'; *alboroto* 'Lärm, Radau'. Bei den übrigen Wortarten gibt es nur wenige, die arabischen Ursprungs sind:

Adjektive: *mezquino* 'armselig; dürftig; knauserig'; *baladí* 'wertlos; gering; unbedeutend'; *azul, caramesí* 'scharlachrot'; *baldío* 'öde; brach'

Verben: *halagar* 'schmeicheln'; *acicalar* 'reinigen, polieren'

Präpositionen: *hasta*

Interjektionen: *ojalá* (< arab. *wa ša (A)llāh* 'Gott wolle es'), *olé* (< arab. *wa (A)llāh* 'bei Gott')

Viele lexikalische Arabismen wurden später durch Wörter lateinischen Ursprungs ersetzt, z. B. *alfayate* durch *sastre* ('Schneider'), *alfajeme* durch *barbero* ('Barbier').

b) Ortsnamen (*Toponyme*) und Gewässernamen (*Hydronyme*):

La Mancha ('Hochfläche')
Alcalá ('Burg')
Medina ('Stadt')
Algeciras ('die Insel')
Gibraltar ('Berg des Tariq')
Guadalajara ('Steinfluss')
Guadalquivir ('großer Fluss')

c) hybride Bildungen aus lateinischen und arabischen Elementen:
Guadelope, Guadelupe (arab. *wadi* 'Fluss', lat. *lupus* 'Wolf'); mit arabischem Artikel: Almonte, Alpuente usw.

In der **Morphologie** ist der Einfluss des Arabischen äußerst gering: Die Endung *-í* ist als Bestandteil arabischer Adjektive und Substantive ins Spanische eingedrungen (z.B. *baladí, maravedí* (s.o.)) und wird noch heute als Suffix bei Ableitungen von Namen (z.B. *alfonsí*) verwendet. Im modernen Spanisch begegnet es bei Ethnika, die sich auf Städte und Länder der semitischen bzw. islamischen Welt beziehen: *israelí, iraquí, marroquí* etc.

In der **Syntax** lässt sich kein Arabismus nachweisen. Die von Bollée & Neumann-Holzschuh (2003, 50) und anderen Autoren arabischem Einfluss zugeschriebene Relativsatzkonstruktion des Typs *la sombra que tú quieres saber su altura* (anstatt: *la sombra cuya altura tú quieres saber*) stellt sicher keine Übernahme aus dem Arabischen dar, sondern vielmehr handelt es sich um eine weit verbreitete übereinzelsprachliche Struktur, die in vielen Sprachen, die nie einen nennenswerten Kontakt mit dem Arabischen hatten, existiert, wie beispielsweise in einigen Kreolsprachen, im Brasilianischen, Chinesischen, Neugriechischen, Irischen, in slawischen Sprachen etc. (vgl. Barme 2003, 239f.).

Beim Einfluss des Arabischen auf das Romanische handelt es sich um einen Adstrateinfluss, das Arabische fungierte als Adstrat des Romanischen, ebenso wie das Romanische in Bezug auf das Arabische als Adstrat gewirkt hat, denn wie bereits erwähnt wurde, hat das hispanische Arabisch durchaus auch einige Wörter aus dem Romanischen aufgenommen. Von einem Adstrateinfluss spricht man, wenn Handels- und Kulturbeziehungen auch sprachliche Beeinflussungen nach sich ziehen. Besteht zwischen den beiden in Kontakt stehenden Sprachen eine Diskrepanz im Hinblick auf ihr Prestige, so spiegelt sich dies in der Regel deutlich in der Zahl der Entlehnungen wider. Diese Art von Sprachkontakt verläuft im Unterschied zum Substrat- und Superstrateinfluss ohne Sprachwechsel. Daher ist es falsch, wenn in einigen romanistischen Werken vom arabischen Superstrat die Rede ist, denn im Gegensatz zu den Westgoten haben die Araber als Eroberervolk ihre Sprache nicht zugunsten der Sprache des eroberten Volkes aufgegeben.

2.5 Ausgliederung und Ausbreitung des Kastilischen

2.5.1 Die Entstehung der christlichen Königreiche und die Reconquista

Das (Alt-)Spanische basiert bekanntlich auf dem Kastilischen, das im frühen Mittelalter zu den romanischen Varietäten gehörte, die sich im nördlichen Teil der Iberischen Halbinsel aus dem lokalen Vulgärlatein herausgebildet hatten, wobei hier neben dem Kastilischen in erster Linie die folgenden Idiome zu nennen sind: Galicisch-Portugiesisch, Asturisch-Leonesisch, Aragonesisch und Katalanisch. Im Folgenden geht es vor allem um die Frage, warum gerade das Kastilische zum Spanischen wurde und durch welche sprachlichen Charakteristika sich diese Varietät von den anderen iberoromanischen Idiomen abhebt (die folgende Darstellung basiert vor allem auf Roegiest 2006, 224–234).

Als die Westgoten, die Bewahrer der römischen Zivilisation und Verteidiger des Christentums auf der Iberischen Halbinsel, im Jahre 711 von den Arabern unter Tarik geschlagen wurden, fanden sie in den Bergregionen im Norden, in der *Cordillera Cantábrica*, Zuflucht. In dieser Bergregion, die als Wiege Spaniens gilt, hat das christliche Heer den Vorstoß der Araber aufgehalten. Im Jahre 718 hat der legendäre Anführer der Westgoten, Pelayo, den Arabern bei *Covadonga* (*Cava Dominica* 'die Grotte/Höhle der Jungfrau Maria') ihre erste Niederlage beigebracht. Der westgotischen Aristokratie gelingt es, sich im 8. Jh. in dem kleinen Königreich Asturien (*Asturias*), rund um die Stadt Oviedo, zu reorganisieren, und sie wählt den besagten Pelayo zu ihrem ersten König. Zu Beginn des 9. Jh. gibt es somit zwei Zentren des Widerstandes gegen die Araber: das fränkische Katalonien (von den Arabern *Al Afranj* genannt) und Asturien, wozu seinerzeit auch Galicien zählte (bei den Arabern heißt dieses Gebiet *Jalîkîya*).

Aus dem Königreich Asturien wird ein Jahrhundert später unter Alfons III. das Königreich León, das von Galicien bis nach Kantabrien und zum Baskenland reicht. Dieses Königreich strebt die Rückeroberung der von den Arabern besetzten Gebiete an und betrachtet sich als Erbe und Erneuerer der westgotischen Monarchie, und zwar vor allem auch deshalb, weil es die christlichen Gebiete des Nordwestens der Halbinsel vereinigt hatte. Insofern sind die Herrscher (*magni reges*) des Königreichs León die Bewahrer der römischen Kultur, die sie von Toledo, der früheren Hauptstadt des Westgotenreiches, in den Norden getragen hatten. Im Jahre 900 erstreckt sich ihr Herrschaftsgebiet bis zum Duero und Mitte des 10. Jh. bis Salamanca (all diese verwüsteten Gebiete werden nach der Rückeroberung wiederbevölkert). Während dieser Periode (vom 8. bis zum 10. Jh.) dringen die entstehenden christlichen Königreiche nur langsam nach Süden vor und stellen keine wirkliche Bedrohung für das mächtige Kalifat von Córdoba dar.

Anfang des 10. Jh. geht die militärische Stärke der leonesischen Herrscher zurück, nachdem das arabische Heer des Kalifats von Córdoba, das verstärkt worden war, unter der Führung von Sultan *Al Mansûr* (*Almanzor* im Spanischen) zweimal die Hauptstadt León geplündert und die Stadt Santiago de Compostela, ein bedeutendes Zentrum der Christenheit, angezündet hatte (die Araber ließen die Glocken der Kirche von Santiago de Compostela von christlichen Sklaven nach Córdoba transportieren).

In der Zwischenzeit war im Osten des Königreichs León (in Kantabrien), um die Stadt Burgos, eine kleine Vasallengrafschaft der leonesischen Könige entstanden (884). Wegen der militärischen Schwächung Leóns konnte diese kleine Grafschaft schließlich die Unabhängigkeit erreichen. Das Territorium dieser Grafschaft, das durch die Kämpfe zwischen Christen und Arabern weitgehend entvölkert worden war, wurde durch Siedler aus dem Norden, d.h. aus Kantabrien und dem Baskenland, sowie – in geringerem Maße – durch Mozaraber wiederbevölkert (*repoblación*), was aus linguistischer Sicht insofern von besonderer Bedeutung ist, als das Zusammentreffen von Siedlern unterschiedlicher regionaler Herkunft die Entstehung einer *Koiné* begünstigte,[5] die als Grundlage für die Herausbildung des Kastilischen zu sehen ist (vgl. hierzu Bustos Tovar 2004, 275). Das im Zuge der oben genannten Entwicklungen neu entstandene Reich, das wegen der Vielzahl der dort vorhandenen Burgen, die zum Schutz gegen Übergriffe der Araber errichtet werden mussten, den Namen *Kastilien* (sp. *castillo* 'Burg') erhielt, rivalisierte mit dem Königreich León und etablierte sich

---

[5] *Koiné* bezeichnet eine von regionalen Besonderheiten „befreite" Varietät, die sich innerhalb einer Gruppe von mehreren (zunächst) gleichwertigen, regional geprägten Varietäten zur allgemein akzeptierten „Standardvarietät" entwickelt und durchgesetzt hat (vgl. Bußmann 1990, s.v.).

aufgrund seiner militärischen Stärke schließlich als entscheidende Kraft im Kampf gegen die Araber. Im Jahre 1037 wurde Fernando I. von Kastilien auch König von León und Galicien, während sich das Kalifat von Córdoba wenige Jahre zuvor (1031) in viele kleine Königreiche (die sog. *Taifas*) aufgeteilt hatte, die das militärische Vordringen Kastiliens nicht mehr verhindern konnten. Zum ersten Mal sind Kastilien und León unter demselben König vereinigt, und Kastilien übernimmt die Führungsrolle in der *Reconquista*.

Fernando I. teilte seine drei Königreiche (Kastilien, León und Galicien) unter seinen Söhnen auf, später wurden sie unter Alfons VI. jedoch wieder vereint. Zwischen dem 11. und 12. Jh. übernehmen die christlichen Königreiche die militärische Initiative und Alfons VI. nimmt 1085 Toledo ein. Einer seiner besten Heeresführer ist Rodrigo Díaz de Bívar, besser bekannt als *Cid*, Protagonist des spanischen Nationalepos *Cantar de Mio Cid*. Das militärische Vordringen Kastiliens (unter Alfons VI. und dem *Cid*) sowie des Königreichs Aragón kann nur für kurze Zeit von den religiös-fanatischen Almoraviden und später von den Almohaden aufgehalten werden.

Im Jahre 1212 kommt es bei *Las Navas de Tolosa* zur entscheidenden Schlacht der *Reconquista*: Die Araber werden von dem vereinigten Heer der drei Königreiche Kastilien, Navarra und Aragón-Katalonien vernichtend geschlagen (León war an der Schlacht nicht beteiligt). Unter den Königen Fernando II. und Alfons X. (der Weise) kommt es zur endgültigen Vereinigung von Kastilien und León. Kastilien übernimmt auch weiterhin die Führungsrolle im Kampf gegen die Araber und setzt das Kastilische als Kanzleisprache ein. Kastilien erobert die beiden großen andalusischen Städte Córdoba und Sevilla und dringt bis tief in den Süden vor (in Portugal wird die *Reconquista* in der Algarve abgeschlossen, Katalonien besetzt Valencia und die Balearen). Das Kastilische dringt im Zuge der Reconquista jedoch nicht nur weit in den Süden vor, sondern aufgrund des großen politischen und kulturellen Prestiges Kastiliens breitet es sich auf Kosten der anderen Varietäten des Nordens der Halbinsel auch in westliche und östliche Richtung aus (vgl. Bustos Tovar 2004a, 284).

Am Ende des 13. Jh. ist von dem einstmals großen und mächtigen arabischen *Al-Andalus* nur noch das Königreich der Nasriden in Granada übrig, das gegenüber dem Königreich Kastilien tributpflichtig war. Im Jahre 1492, dem Jahr der

Entdeckung der Neuen Welt durch Christoph Kolumbus und der Veröffentlichung der ersten Grammatik des Spanischen von Antonio de Nebrija, erobern die *Katholischen Könige* (*Reyes Católicos*), Isabella I. von Kastilien und Fernando II. von Aragón, schließlich auch noch das Nasridenreich Granada und beenden damit die Reconquista (das Jahr 1492 gilt als *annus mirabilis*, als denkwürdiges, außerordentliches Jahr der spanischen Geschichte).

Die *Reconquista* hat die sprachliche Physiognomie der Iberischen Halbinsel tiefgreifend verändert: Die Gliederung der Sprachräume, der Aufstieg des Kastilischen zur Kanzlei- und Literatursprache und dessen weitere Entwicklung wurden in entscheidender Weise durch die Rückeroberung der von den Arabern besetzten Gebiete bestimmt.

2.5.2 Die sprachliche Gliederung der Iberischen Halbinsel

Die sprachliche Gestaltung der Iberischen Halbinsel ist zwar auch auf die unterschiedlichen Entwicklungen der jeweiligen regionalen Ausformungen des Vulgärlateinischen zurückzuführen, vor allem jedoch ist sie eine unmittelbare Folge der Reconquista. Die gegenwärtigen Sprachräume des Spanischen, Portugiesischen und Katalanischen gehen auf die südwärts gerichtete Expansion der drei christlichen Königreiche, die die Reconquista betrieben haben, zurück: Portugal, Kastilien und das Königreich Aragón (das auch das Gebiet Kataloniens einschloss).

2.5.2.1 Sprachliche Heterogenität im Norden

Der Norden des heutigen spanischen Sprachgebiets ist in sprachlicher Hinsicht sehr viel heterogener als die übrigen Gebiete der Halbinsel. Im Norden treffen wir auf das natürlich gewachsene Kontinuum der jeweils unterschiedlichen regionalen Ausprägungen einer Sprache, des Vulgärlateinischen. Neben dem Kastilischen im Zentrum sind zu nennen: im Osten das Aragonesische, das einen Übergang zum Katalanischen bildet, und im Westen das Asturisch-Leonesische, das dem Galicischen und dem Portugiesischen nahe steht. Diese Mundarten, die heute als Dialekte des Spanischen gelten, repräsentieren Weiterentwicklungen jener Idiome, die während des Mittelalters in den Königreichen Aragón und

León verwendet wurden. Das sprachliche Charakteristikum, das diese Idiome mit dem Spanischen gemeinsam haben, unterscheidet gleichzeitig das Kastilische von den beiden übrigen iberoromanischen Sprachen, dem Portugiesischen und Katalanischen. Gemeint ist die Diphthongierung der betonten offenen Vokale [ɛ] und [ɔ]: *dente* > *diente*; *focus* > *fuego*; *porta* > *puerta*; *morte* > *muerte*. Im Aragonesischen und Asturisch-Leonesischen hat sich diese Diphthongierung generalisiert und tritt sogar in Kontexten auf, in denen sie im Kastilischen nicht erscheint, d.h. wenn auf den betonten Vokal ein Palatallaut folgt:

Kastilisch:	Aragonesisch:	Asturisch-Leonesisch:
castillo	*castiello*	*castiello*
hoja	*fuella*	*fueya*
ojo	*uello*	*ueyo*
noche	*nueyt*	*nueche/nueite*

Seit dem 15. Jh. wurden das Aragonesische und das Asturisch-Leonesische vom Kastilischen zurückgedrängt. Das Aragonesische ist heute fast gänzlich verschwunden, wenn man von einigen Pyrenäentälern in Hocharagonien (Ansó, Hecho, Bielsa), die kein zusammenhängendes Territorium bilden, absieht – hier werden von weniger als 10.000 Personen noch Varietäten des Aragonesischen verwendet.

Ebenso wie das Aragonesische in Aragón, war auch das Asturisch-Leonesische während des Hochmittelalters im Königreich León Verwaltungssprache, wurde jedoch sehr schnell vom Kastilischen verdrängt, und zwar zunächst im Osten des Königreiches und in den städtischen Zentren. Heute werden in den Gebieten um die asturische Hauptstadt *Oviedo*, die an die Sprachräume des Galicischen und Portugiesischen angrenzen, noch Varietäten des Asturianischen verwendet. Dabei handelt es sich um unterschiedliche lokale Dialekte, die auch als *bable* bezeichnet werden. Das Asturianische bzw. *bable* Zentralasturiens (wo 80 Prozent der Gesamtbevölkerung Asturiens leben) bildet die Grundlage der *llingua asturiana*, der standardisierten Varietät des Asturianischen. Zum Asturisch-Leonesischen zählt auch der Dialekt *mirandés*, der in *Mirando do Douro*, einer Stadt im Nordosten Portugals in unmittelbarer Nähe zur spanischen Grenze, gesprochen wird.

2.5.2.2 Sprachliche Homogenität im Zentrum und im Süden

Der sprachlichen Heterogenität des Nordens der Iberischen Halbinsel steht die Homogenität des Zentrums und des Südens gegenüber. Das Kastilische besetzt das gesamte Zentrum Spaniens, im Süden treffen wir auf die Dialekte des Andalusischen, die jedoch weniger einheitlich als das Kastilische sind. Die Dialekte des *andaluz* gehen nicht direkt auf das Lateinische zurück, sondern auf das Kastilische, das im Zuge der *Reconquista* nach Süden getragen wurde.

Bezüglich der Dialekte der Iberischen Halbinsel ist zwischen verschiedenen Typen zu unterscheiden:

> „Mit Coseriu (1988) kann man im Hinblick auf die Iberische Halbinsel primäre, sekundäre und tertiäre Dialekte unterscheiden. **Primäre Dialekte** des Spanischen sind das Asturisch-Leonesische, das Kastilische und das Navarro-Aragonesische, die sich geographisch gesehen nebeneinander aus dem Latein entwickelt und im Mittelalter den Aufstieg zur «Sprache» begonnen haben. [...] Als **sekundäre Dialekte** des Spanischen werden die Varietäten bezeichnet, die sich aus dem Kastilischen selbst durch dessen Expansion nach Süden herausgebildet haben: das Andalusische, Kanarische und Judenspanische. **Tertiäre Dialekte** nennt Coseriu die Varietäten der Staatssprache (*españoles regionales*), die z.B. in zweisprachigen Regionen wie Katalonien und Galicien gesprochen werden." (Bollée & Neumann-Holzschuh 2003, 11; Hervorhebungen im Text)

Die militärische Vorrangstellung des Königreichs Kastilien während der Reconquista ist nicht nur für die geringe dialektale Variation in Spanien verantwortlich, sondern auch für das völlige Verschwinden des Mozarabischen, eine Varietät des Romanischen, die unmittelbar aus dem Lateinischen hervorgegangen ist und im arabischen *Al-Andalus* gesprochen wurde. Das Mozarabische hat sich im Kastilischen aufgelöst, das von der befreiten Bevölkerung aufgrund seines Prestiges als Sprache der Sieger übernommen wurde.

Durch sein Vordringen vom Norden bis weit in den Süden der Halbinsel hat das Kastilische eine entsprechende Ausdehnung der übrigen Dialekte der nördlichen Königreiche, also des Asturisch-Leonesischen und des Aragonesischen, verhindert.

2.5.2.3 Die sprachliche Sonderstellung des Kastilischen

Wie wir bereits gesehen haben, ist im Zuge des militärischen Vordringens des Königreichs Kastilien in Richtung Süden auch das Kastilische in den Süden der Halbinsel gelangt. Dieses romanische Idiom, das sich durch die Abgeschiedenheit seines ursprünglichen Verbreitungsgebiets und möglicherweise auch aufgrund von signifikanten Einflüssen seitens des Baskischen von den übrigen iberoromanischen Varietäten abhebt, scheint die relative sprachliche Einheit, die die Iberische Halbinsel vor der Reconquista geprägt hatte, aufgebrochen zu haben. Diese sprachliche Einheitlichkeit wird durch das Mozarabische repräsentiert, das die romanische Sprache von *Al-Andalus* war, das vom 8. bis zum Beginn des 11. Jahrhunderts den größten Teil der Halbinsel umfasste (vgl. Bustos Tovar 2004a, 272).

Das Kastilische unterscheidet sich durch eine ganze Reihe von sprachlichen Merkmalen sowohl vom Portugiesischen als auch vom Katalanischen. Es kommt hinzu, dass auch die Varietäten des Mozarabischen, die durch die Reconquista beseitigt wurden und die sicherlich keine homogene Dialektgruppe gebildet hatten, einige Züge mit dem Portugiesischen und Katalanischen teilen, was den Schluss erlaubt, dass die Sprachlandschaft der Iberischen Halbinsel in der Zeit vor der Reconquista recht homogen war, selbst wenn man diesbezüglich einräumen muss, dass das Mozarabische insgesamt betrachtet deutlich vom Portugiesischen und Katalanischen abweicht.

Im Folgenden werden einige Merkmale aufgeführt, durch die sich das Kastilische von den übrigen iberoromanischen Sprachen abhebt; in zahlreichen Fällen handelt es sich um sprachliche Innovationen, die sich in anderen Gebieten nicht zeigen. Die Sonderstellung des Kastilischen zeigt sich in besonders markanter Weise im Konsonantismus:

	Lateinisch:	Portug.:	Katalanisch:	Kastilisch:
initiales *f*:	*filiu*	*filho*	*fill*	***h**ijo*
-lj-:	*muliere*	*mulher*	*muller*	*mu**j**er*
-ct-:	*lacte*	*leite*	*llet*	*le**ch**e*
initiales *j*:	*ianuariu*	*janeiro*	*gener*	*enero*

Das initiale *f* des Lateinischen bleibt im Portugiesischen und im Katalanischen erhalten, im Kastilischen hingegen wird es zunächst zu *h* und fällt schließlich aus; auch der Nexus *lj* wird im Portugiesischen und Katalanischen konserviert, während das Kastilische ihn über die Zwischenstufe [ž] ab dem 16. Jahrhundert zu dem stimmlosen velaren Frikativ [χ] weiterentwickelt; die Konsonantenverbindung *-ct-* erfährt sowohl im Portugiesischen als auch im Katalanischen eine Sonorisierung (zu *-jt-* bzw. *-et-*), nur im Kastilischen entsteht daraus die stimmlose präpalatale Affrikate [-tš-]; während der wortinitiale Halbkonsonant [j] des Lateinischen im Portugiesischen und Katalanischen palatalisiert wird, fällt er im Kastilischen aus.

Die politische Erfolgsgeschichte des Königreichs Kastilien erklärt, warum sich die Bezeichnungen *Spanisch* und *Kastilisch* decken. Aufgrund der politisch-militärischen Vorrangstellung Kastiliens hat sich das Kastilische über ganz Spanien ausgebreitet und ist zur Schriftsprache aufgestiegen. Vor allem im 13. Jh. unter der Herrschaft von Alfons dem Weisen wurde das Lateinische vom Kastilischen sowohl als Kanzleisprache als auch als Sprache literarischer Prosawerke abgelöst. Die Schaffung literarischer Werke auf Kastilisch führte zu einer ersten Kodifizierung des Kastilischen, die bis zum 16. Jh. die prestigeträchtige Norm repräsentierte. Das Asturianische und das Aragonesische wurden als Verwaltungssprachen ab dem Ende des 14. Jh. vom Kastilischen verdrängt (behielten in diesem Bereich aber dennoch eine gewisse Bedeutung).

2.6 Das frühe Romanisch

Das Altspanische hat sich aus dem spätantiken Latein der Iberischen Halbinsel herausgebildet und sich vom Lateinischen, das ja das gesamte Mittelalter hindurch (und darüber hinaus) stets als Schriftsprache und europäische *lingua franca* der Gebildeten präsent war, im Rahmen eines Prozesses, der sich über einen langen Zeitraum erstreckte, losgelöst. Bezüglich der Phase des Übergangs vom Lateinischen zum Romanischen (Altspanischen) lassen sich zwei Etappen unterscheiden: Die erste fällt mit der Herrschaft der Westgoten (6. bis 8. Jahrhundert) zusammen, die zweite Etappe bilden die sogenannten *siglos oscuros* vom 8. bis zum 11. Jahrhundert, die in der spanischen Forschungsliteratur auch als *época de orígenes* bezeichnet werden (vgl. Bustos Tovar 2004a, 268, 270).

Anders als in der Literatur mitunter zu lesen ist, herrschte im Reich der Westgoten keine kulturelle Verelendung, sondern vielmehr gab es mit Toledo und Sevilla zwei bedeutende geistige Zentren. Insbesondere die Zeit von Isidor von Sevilla (ca. 560–636) repräsentiert eine in kultureller Hinsicht äußerst rege Epoche (ib., 266f.). Der Erzbischof von Sevilla war einer der bedeutendsten Schriftsteller des frühen Mittelalters, der das noch greifbare Wissen der Antike sammelte und ordnete. Die sprachlichen Zeugnisse auf den westgotischen

Schiefertafeln zeigen, dass ein größerer Teil der Bevölkerung das Lateinische lesen konnte, und dass es durchaus auch Schreibkundige gab (ib., 267). Über die gesprochene Sprache dieser Epoche liegen uns hingegen kaum Informationen vor. Da die Schreiber der Schiefertafeltexte über gute Kenntnisse des geschriebenen Lateins verfügten, treten nur wenige Erscheinungen auf, die sich der Sprechsprache zuordnen lassen. Der mündlich verwendeten Alltagssprache der Westgotenzeit können wir uns aus diesem Grund nur in Form von Hypothesen nähern, die auf Entwicklungen basieren, die in den ersten Zeugnissen des Romanischen der Iberischen Halbinsel aus dem 10. und 11. Jahrhundert zu fassen sind (ib.). Während die Schriftsprache sich weitgehend einheitlich zeigt und der lateinischen Tradition folgt, ist für die gesprochene Sprache von einer komplexen Variabilität auszugehen, deren Extrempole einerseits die stark am schriftsprachlichen lateinischen Modell orientierte Sprache der Gebildeten, andererseits der sprachliche Usus der Ungebildeten, der durch neue Entwicklungen und Abweichungen geprägt ist, darstellen (ib., 268).

Auf diese erste Etappe, die in der Forschungsliteratur auch als die Phase des *Protoromanischen* bezeichnet wird, folgt ab dem 8. Jahrhundert die entscheidende Etappe der eigentlichen Loslösung des Romanischen vom Lateinischen, und spätestens ab dem 9. Jahrhundert, als innerhalb der Romania die ersten schriftlichen Zeugnisse in der Volkssprache auftreten, ist es nicht mehr sinnvoll, von Vulgärlatein oder spätantikem Latein zu sprechen, sondern es sollte stattdessen auf Bezeichnungen wie Romanisch, *romance* usw. zurückgegriffen werden (ib.; Bollée & Neumann-Holzschuh 2003, 21). Diese zweite Epoche, die *época de orígenes* (8. bis 11. Jh.) ist in sprachstruktureller Hinsicht dadurch gekennzeichnet, dass die im Lateinischen (wie in jeder Sprache) angelegten Entwicklungstendenzen eine Dynamisierung erfuhren, die auf der lautlichen, morphologischen und syntaktischen Ebene zu tiefgreifenden Veränderungen führten (vgl. Bustos Tovar 2004a, 268). Darüber hinaus wird davon ausgegangen, dass im 8. und 9. Jahrhundert auch die dialektale Aufsplitterung des Romanischen der Iberischen Halbinsel ihren, wenn auch noch „zarten“ Anfang hat und sich im 10. und 11. Jahrhundert, als die ersten schriftlichen Zeugnisse verschiedener iberoromanischer Varietäten auftreten, voll entfaltet. Dieser Prozess wurde vor allem durch die regionalen Diskrepanzen bezüglich der Intensität der Romanisierung und die unterschiedlichen Substrateinflüsse geprägt (vgl. Bustos Tovar 2004a, 276f.).

Die schriftlichen Zeugnisse der *época de orígenes* erlauben im Unterschied zu den Schiefertafeln aus der Westgotenzeit weit mehr Rückschlüsse auf die gesprochene Sprache beziehungsweise auf die zwischen Schrift- und Sprechsprache bestehenden Unterschiede. Menéndez Pidal, einer der bedeutendsten Sprachhistoriker der spanischsprachigen Welt, hat sich besonders intensiv mit dieser Phase der spanischen Sprachgeschichte befasst, der er auch sein Hauptwerk *Orígenes del español* (1926) gewidmet hat. Bei der Erforschung der Dokumente aus dieser Zeit stellte er fest, dass häufig graphische Varianten begegnen und dass diese sich in unterschiedlichen Dokumenten unterschiedlicher Herkunft als konstant erwiesen. Er konnte somit davon ausgehen, dass diese Varianten in der Schreibung Variationen in der Aussprache widerspiegeln, was es ihm erlaubte, zwei Typen von Dokumenten zu unterscheiden: Dokumente, die von Gebildeten mit sehr guten Lateinkenntnissen verfasst wurden und daher kaum Auffälligkeiten aufweisen, und Dokumente, die Rückschlüsse auf die Gestalt der gesprochenen Sprache dieser Epoche erlauben, und zwar deshalb, weil sie entweder aus der Feder von Schreibern stammen, die nur über geringe Lateinkenntnisse verfügten und somit beim Verfassen der Texte Fehler anhäuften, oder weil sie – wie etwa im Falle notarieller Urkunden – (auch) von Ungebildeten verstanden werden sollten (mussten), was die Verwendung eines *latín arromanzado*, also eines Lateins, das mit typisch sprechsprachlichen Strukturen durchsetzt war, nahelegte. Der orale Charakter dieser Texte zeigt sich nicht nur im grapho-phonematischen Bereich, sondern – in besonders starkem Maße – auch in der Morphologie und in der Syntax (Verwechslungen bei den verbalen Flexionssuffixen, fehlerhafte Verwendung von Kasusendungen, Verlust des funktionalen Werts der Kasus usw.) (vgl. Bustos Tovar 2004a, 279f.). Anstatt von einer bipolaren Opposition von Schrift- und Sprechsprache auszugehen, wird man den sprachlichen Verhältnissen dieser Phase der spanischen Sprachgeschichte aber wohl eher gerecht, wenn man – ebenso wie in Bezug auf das heutige Spanisch und andere Sprachen – von einem Nähesprache-Distanzsprache-Kontinuum im Sinne von Koch & Oesterreicher (2011) ausgeht, wobei in der geschriebenen Sprache umso mehr Besonderheiten der Sprechsprache enthalten sein dürften, je höher der Grad der kommunikativen Nähe des betreffenden Dokuments ist (vgl. Bustos Tovar 2004a, 280). In der hispanistischen Forschung herrscht jedenfalls weitgehend Einigkeit darüber, dass es in der *época de orígenes* mindestens zwei unterschiedliche Typen von Texten gab: Texte religiösen bzw. liturgischen Inhalts, die in einem Latein verfasst sind, das dem Latein der schriftlichen Zeugnisse aus der Westgotenzeit sehr nahe steht, und Texte mit einem deutlichen romanischen Einschlag (ib.). Zur endgültigen Trennung von Lateinisch und Romanisch im schriftlichen Bereich kam es, als sich das Romanische als Sprache juristischer und notarieller Texte durchsetzte, was sich im Laufe des 12. Jahrhunderts vollzog und Anfang des 13. Jahrhunderts seinen Abschluss fand (ib., 285; zur definitiven Trennung von Lateinisch und Romanisch im Bereich der Sprechsprache siehe unten).

Neben den oben genannten sprachinternen Faktoren wurde die Herausbildung des Romanischen auf der Iberischen Halbinsel vor allem durch die beiden folgenden externen Faktoren begünstigt (ib., 268f.): Da ist zum einen die Herrschaft der Araber, die die Epoche der Westgoten, die durch eine relativ große politisch-kulturelle Einheitlichkeit gekennzeichnet war, beendete und dazu führte, dass die Iberische Halbinsel (mit Ausnahme des Sonderfalls Katalonien) bis zur Zeit der Etablierung des Pilgerweges nach Santiago de Compostela im 10. Jahrhundert vom übrigen romanischsprachigen Europa weitgehend isoliert war.

Der zweite entscheidende Faktor sind die Veränderungen der sprachlichen Situation sowie des Sprachbewusstseins im Zuge der sogenannten Karolingischen Renaissance (auch: Karolingische Reform). Das Fränkische Reich Karls des Großen (768–814) bildete das politische und auch kulturelle Zentrum des Abendlandes. In den in großer Zahl eingerichteten Schulen und Klöstern des Karolingerreiches wandte man sich wieder verstärkt dem Studium der antiken und spätantiken Autoren zu. Dabei entdeckten die Gelehrten, dass sich die vom Volk gesprochene romanische Alltagssprache doch ganz erheblich vom klassischen Latein unterschied, und diese linguistische Kluft war im Frankenreich aufgrund der Sprachentwicklung, insbesondere wegen des großen Einflusses des fränkischen Superstrats auf das Lateinische, besonders stark ausgeprägt, stärker als in allen anderen Gebieten der Romania. Zudem ist zu betonen, dass in den vorangehenden Jahrhunderten das Latein im heutigen Frankreich unter der Herrschaft der Merowinger aufgrund des weitgehenden Zusammenbruchs des Bildungssystems ziemlich „verunstaltet“ worden war und man sich recht weit vom klassischen Latein entfernt hatte. Auf Veranlassung seiner Hofgelehrten, allen voran Alkuin, ließ Karl der Große, der das antike Rom als sein politisches und kulturelles Vorbild begriff, eine Reform des Lateinischen durchführen. Diese bewirkte zwar wieder eine weitgehende Annäherung an die Aussprache und Grammatik des klassischen Lateins, doch gleichzeitig vergrößerte sie dadurch in noch stärkerem Maße als zuvor den Abstand zwischen der Spontansprache und der Hochsprache. Das ungebildete einfache Volk, die *illitterati*, konnte die Sprache der Gebildeten, der *litterati*, nicht mehr verstehen, und bei der breiten Bevölkerung bildete sich das Bewusstsein heraus, dass das Idiom, das man im Munde führte, nichts mehr mit dem Lateinischen zu tun hatte, sondern etwas Eigenständiges darstellte.

Wie lange die lateinische Distanzsprache auf der Iberischen Halbinsel für den Großteil der Bevölkerung noch verständlich war, ist in der Forschung umstritten. Manche Autoren gehen davon aus, dass es in der zweiten Hälfte des 9. Jahrhunderts zum Bruch in der Verständlichkeit kam, andere plädieren für einen späteren Zeitpunkt. Sicher ist jedoch, dass spätestens seit 1080, als auch in Spanien das reformierte Latein die Sprache der Predigt in der Kirche wurde, die Alltagssprache und das Lateinische als zwei verschiedene Sprachen aufgefasst wurden (vgl. Bollée & Neumann-Holzschuh 2003, 56).

Bevor wir uns einige der ersten Zeugnisse des Romanischen auf der Iberischen Halbinsel genauer ansehen und sprachlich analysieren werden, sollen in den folgenden Abschnitten zunächst die wichtigsten sprachinternen Entwicklungen vom Lateinischen zum Altspanischen behandelt werden.

2.7 Vom Lateinischen zum Altspanischen

2.7.1 Die lateinische Basis der romanischen Sprachen

Ebenso wie im Deutschen, Englischen, Italienischen, Russischen und anderen Sprachen, lässt sich auch hinsichtlich des Lateinischen zwischen einer Hochsprache (Standardsprache) und einer Umgangssprache differenzieren. Für die romanische Sprachwissenschaft ist letztere Varietät von besonderer Bedeutung, da das Spanische und die übrigen romanischen Sprachen nicht aus dem klassischen Latein entstanden sind, das uns beispielsweise in den Werken der großen lateinischen Schriftsteller und Philosophen (Seneca, Cicero, Vergil, Horaz etc.) entgegentritt, sondern aus dem im Alltag verwendeten spontanen Sprechlatein. Wir haben es also mit einer diaphasischen, d.h. durch den Formalitätsgrad der Kommunikationssituation bestimmten Varietät des Lateinischen zu tun (vgl. Kiesler 2006, 10). Für diese Sprachform wird seit der zweiten Hälfte des 19. Jh. die Bezeichnung *Vulgärlatein* verwendet (Hugo Schuchardt: *Der Vokalismus des Vulgärlateins* (1866–1868)), obwohl dieser Terminus wegen seiner Schwammigkeit und Missverständlichkeit immer wieder kritisiert wurde und es daher auch zahlreiche Bestrebungen gab, ihn durch andere Ausdrücke (wie etwa Sprechlatein, Alltagslatein, Volkslatein usw.) zu ersetzen (vgl. Kramer 2008, 128 sowie 2009, 4f.). Bezüglich der Frage, wann das Vulgärlatein in Gebrauch war bzw. ob dessen Verwendung zeitlich begrenzt war, werden in der Forschung ganz unterschiedliche Auffassungen vertreten. Kramer (2008, 129) wendet sich mit sehr guten Gründen gegen die u.a. von Herman, Väänänen und Kiesler vertretene maximalistische These, derzufolge das Vulgärlatein zu allen Zeiten der Latinität existierte. Der Autor (ib.) hebt hervor, dass man von einem Vulgärlatein als Umgangssprache erst sprechen kann, als sich im Lateinischen so etwas wie eine Hochsprache herausgebildet hatte, und dies war erst seit dem 1. Jahrhundert v. Chr. der Fall. Doch selbst in diesem letzten Jahrhundert vor der Zeitenwende hätte die Auseinandersetzung um die Latinitas noch viel zu sehr mal in diese und mal in jene Richtung tendiert, als dass man eine Standardsprache klar von einer Nichtstandardsprache trennen könnte. Eine eindeutige Abgrenzung des Vulgärlateins von der normbildenden Literatursprache ist nach Kramer (ib.) erst ab der Kaiserzeit, also etwa ab der Zeitenwende, möglich.

Für die romanische Sprachwissenschaft ist freilich in erster Linie nicht das Vulgärlatein schlechthin, sondern vielmehr das spätantike Vulgärlatein/Sprechlatein (3. Jh. bis 6. Jh.) sowie das frühe Mittellatein (6. bis 15. Jh.) von Interesse, da sich aus diesen Varietäten die romanischen Sprachen herausgebildet haben, und zwar nach heutigem Forschungsstand erst zwischen dem 8. und 10. Jahrhundert und nicht, wie lange Zeit angenommen wurde, bereits um das Jahr 600 (vgl. hierzu Schönberger 2010, 223–226, 229). Zwischen dem 6. und 8. Jahrhundert war es in vielen Gebieten im Westteil des Römischen Reiches nicht zuletzt auch durch die Einfälle der Germanen zu einem politischen und kulturellen Niedergang gekommen, was u.a. zur Folge hatte, dass Bildungseinrichtungen wie Schulen und andere sprachnormierende Institutionen fehlten, was seinerseits zu einem sprachlichen Wildwuchs führte: Das spätantike Latein hat sich infolge dieser Entwicklung in der Lautung sowie in der Morphologie und in der Syntax deutlich vom klassischen Latein entfernt. Hinzu kam, dass das spätantike Latein in starkem Maße durch das christlich geprägte Griechisch beeinflusst wurde. Vor allem diese Faktoren haben schließlich zur Ausgliederung des Lateinischen in unterschiedliche romanische Sprachen geführt. An diesem Punkt setzt eine fundamentale Kritik an der seit dem 19. Jahrhundert in der Romanistik dominierenden These von *dem* Vulgärlatein als der „Mutter" der romanischen Sprachen an:

> „Aus romanistischer Perspektive kann es […] kaum noch darauf ankommen, durch externen Sprachvergleich ein „Vulgärlatein" zu rekonstruieren […], sondern vielmehr das jeweilige regionale Latein der Spätantike in Bezug zu den sich vor Ort herausbildenden romanischen Sprachen zu setzen […]" (Schönberger 2010, 226)

Die romanistische Sprachwissenschaft verfügt auch keineswegs nur über das Mittel der Rekonstruktion eines umgangssprachlichen Lateins durch den Vergleich von Formen der verschiedenen romanischen Sprachen, denn über das (spätantike) Vulgärlatein sind wir aufgrund einer Vielzahl unterschiedlicher Quellen ziemlich gut informiert (vgl. zum Folgenden Kramer 2007, 20–23; ib. 2008, 131f.):

a) Literarische Quellen:

Hiermit sind alle Zeugnisse gemeint, die im Rahmen der mittelalterlichen Überlieferung als Abschriften antiker Werke auf uns gekommen sind. Dabei ist grundsätzlich zu unterscheiden zwischen einer bewussten Imitation des Vulgärlateins durch gebildete Autoren, die auch die Normsprache beherrschten, und vulgärlateinischen Sprachformen, die auf die Unfähigkeit des jeweiligen Textproduzenten, die klassische Norm zu verwenden, zurückzuführen sind. Beim intentionalen Gebrauch des Vulgärlateinischen handelt es sich um:

1. absichtliche Nachahmungen, die von den Autoren als literarisches Stilmittel eingesetzt werden (wie z.B. von Petronius in seiner *Cena Trimalchionis*; vgl. hierzu jedoch die von Schönberger (2010, 245f.) geäußerten Vorbehalte);
2. die Verwendung einer der Volkssprache angenäherten Ausdrucksweise, damit der jeweilige Text bzw. die Rede auch von den Ungebildeten verstanden werden konnte (ein Beispiel hierfür ist die Bibelübersetzung des Hieronymus (die sog. *Vulgata*));
3. einzelne Bemerkungen zu volkssprachlichen Ausdrücken in verschiedenen Werken (Dichtung, philosophische, geschichtliche, technische, juristische Prosa usw.);
4. Ausführungen zur Volkssprache in grammatischen Texten (z.B. bei Probus und Donatus);
5. antike Glossare (Wörtersammlungen).

b) Antike Originaldokumente:

Die oben genannten Zeugnisse des Vulgärlateins sind uns – wie schon gesagt wurde – nicht direkt überliefert, sondern lediglich in Form von handschriftlichen Kopien, die von Mönchen in den Schreibstuben der mittelalterlichen Klöster angefertigt wurden. Daher sind diese Dokumente weniger zuverlässig als Originaldokumente aus der Antike, die uns in großer Zahl vorliegen:

1. Inschriften
2. Ostraka (beschriftete Tonscherben)
3. Täfelchen mit einer Schreibfläche aus Blei, Holz oder Wachs
4. Papyri
5. Münzen

c) Wiedergabe lateinischer Texte in fremden Schriftarten, vor allem in griechischer Schrift.

In den folgenden Abschnitten werden die wichtigsten lautlichen, grammatischen und lexikalischen Entwicklungen vom klassischen Latein über das Vulgärlatein bis zum Altspanischen behandelt. Doch vorab sollen erst einmal einige (terminologische) Grundlagen bezüglich der historischen Lautlehre und des Lautwandels im Allgemeinen gelegt werden – nicht zuletzt auch deshalb, weil gerade dieser Bereich den heutigen Studierenden Schwierigkeiten bereitet.

2.7.2 Exkurs: Warum kommt es zu Veränderungen in der Aussprache?

Ein entscheidender Grund für Sprachwandel und somit auch für Lautwandel ist das natürliche Streben des Menschen nach einer Ökonomisierung seines Handelns, d.h. er möchte sein Ziel mit möglichst geringem Kraftaufwand erreichen, was in der Sprachökonomie-Forschung als Prinzip des geringsten Aufwandes bezeichnet wird. Bestimmte Einzellaute und Lautsequenzen erfordern vom Sprecher einen höheren artikulatorischen Aufwand als andere Laute und Lautfolgen, und so lässt sich in der Sprachgeschichte häufig beobachten, dass artikulatorisch „anstrengendere" Laute/Lautfolgen durch „einfachere" ersetzt werden. Üblicherweise begegnen diese Ökonomisierungen zunächst in der informellen Umgangssprache, von wo aus sie jedoch später durchaus in die Standardsprache gebildeter Sprecher vordringen können. Betrachten wir hierzu ein Beispiel (vgl. hierzu sowie zum Folgenden Hualde et al. 2010, 303ff.):

[kantátum] > [kantádo] > [kantáδo] > [kantá^{δ}o] > [kantáo] > [kantáu̯]

Bei dieser lautlichen Entwicklung des Perfektpartizips vom Lateinischen zum (dialektalen) Spanischen können wir feststellen, dass sich der intervokalische stimmlose Verschlusslaut [t] zunächst durch eine Sonorisierung an seine stimmhafte lautliche Umgebung assimiliert hat (Vokale sind grundsätzlich stimmhaft) und zum stimmhaften Verschlusslaut [d] wurde. Dieses [d] wurde dann weiter zu dem stimmhaften Reibelaut [δ] reduziert und ist schließlich ganz ausgefallen [áo]. Der Wandel von dem Verschlusslaut [d] zu dem Reibelaut [δ] stellt deshalb eine artikulatorische Vereinfachung dar, weil es für den Sprecher aufwendiger ist, den Sprechapparat komplett zu schließen und dann zu öffnen als lediglich eine Engstelle zu bilden, durch die die ausströmende Atemluft entweichen kann. Es kommt hinzu, dass auch die beiden den Konsonanten umgebenden Vokale bei Öffnung des Sprechapparats gebildet werden – die Artikulation wird somit „flüssiger", weniger aufwendig. Die aus diesem Entwicklungsprozess resultierende Vokalsequenz [áo] wird als Hiatus realisiert, d.h. jeder der beiden Vokale stellt eine eigene Silbe bzw. einen Silbengipfel dar (*á-o*). In einigen spanischen Dialekten erfährt dieser Hiatus in artikulatorischer Hinsicht eine Vereinfachung, indem er zum Diphthong (Doppellaut) [áu̯] reduziert wird, der im Unterschied zum Hiatus [áo] der vorangehenden Entwicklungsstufe nicht mehr aus zwei Silbengipfeln besteht, sondern nur noch eine Silbe repräsentiert.

Eine weitere Ursache für lautlichen Wandel ist die akustische Verwechslung von zwei ähnlichen Lauten durch die Sprecher. Im Spanischen stehen sich [f] und [θ] in klanglicher Hinsicht sehr nahe. Wenn nun ein Sprecher beispielsweise das ihm unbekannte Wort [f]*elpudo* ('Fußmatte') zum ersten Mal hört, so ist es möglich, dass er dieses als [θ]*elpudo* interpretiert. Tatsächlich gibt es in Spanien Sprecher, die [θelpúðo] sagen, doch wegen des großen Einflusses der allgegenwärtigen Schriftsprache ist es sehr unwahrscheinlich, dass diese Verwechslung im heutigen Spanisch zu einem weiter ausgreifenden Wandel [f] > [θ] führen wird. Doch in früheren Jahrhunderten, als die Schriftsprache in der Bevölkerung noch nicht so verbreitet war wie heute und es noch keine einheitliche Norm gab, hätte die Existenz von Varianten mit [f] und mit [θ] sicherlich einige Sprecher bezüglich der Aussprache anderer Wörter verunsichern können (z.B., ob es [θ]*ésped* oder [f]*ésped* heißt). Wenn zwei Varianten ein und desselben Wortes in einer Sprache existieren, so ist es in der Regel so, dass jeder der beiden lautlichen Realisierungen ein bestimmter soziolinguistischer Wert zukommt. Im Hinblick auf unser Beispiel bedeutet dies, dass der unterschiedliche soziolinguistische Status beider Aussprachen zu einer Ersetzung aller Formen mit /f/ durch /θ/ oder umgekehrt führen könnte.

Aus der Ähnlichkeit von Lauten ergibt sich ein anderer wichtiger Grund für phonetischen Wandel: Laute erfahren eine Veränderung, um eine allzu große Nähe beziehungsweise eine nur minimal ausfallende Opposition zu anderen Lauten aufzuheben und so für ein höheres Maß an Distinktion zu sorgen. Dies lässt sich sehr schön anhand der Entwicklung der Sibilanten illustrieren, die sich während der Siglos de Oro vollzogen hat. Im mittelalterlichen Spanisch vor dem 16. Jahrhundert war das folgende Sibilantensystem gegeben:

	stimmlos:	stimmhaft:
dentale Affrikaten:	/ts/	/dz/
	Çid	*dezir*
alveolare Frikative:	/ṡ/	/ż/
	passar	*casa*
präpalatale Frikative:	/ʃ/	/ʒ/
	dixo	*fijo*

Dieses System erfuhr zunächst zwei Veränderungen: Im 15. Jahrhundert erfolgte eine Entaffrizierung, d.h. die beiden Affrikaten verloren ihr okklusives Element /t/ bzw. /d/ und wurden so zu Reibelauten (Frikativlauten): /ts/, /dz/ → /s/, /z/. In der ersten Hälfte des 16. Jahrhunderts kam es zu einer Desonorisierung der Sibilanten, was bedeutet, dass die Unterscheidung zwischen stimmlosen und stimmhaften zugunsten der stimmlosen aufgegeben wurde. Diese beiden Entwicklungen führten im Ergebnis zu dem folgenden stark reduzierten Sibilanteninventar:

(prädorso)-dentaler Frikativ:	/s/ – *caça / caza*
(apiko)-alveolarer Frikativ:	/ṡ/ – *casa*
präpalataler Frikativ:	/ʃ/ – *caxa / caja*

Aufgrund der großen Ähnlichkeit der übriggebliebenen Phoneme kam es ab der zweiten Hälfte des 16. Jahrhunderts zu den beiden folgenden „korrektiven" bzw. „kompensatorischen" Prozessen, welche die Laute wieder stärker differenzierten:

1. Das kastilische /ṡ/ und das palatale /ʃ/ sind sich artikulatorisch und klanglich sehr ähnlich, daher wurde /ʃ/ → /χ/ verändert, also zu einem velaren Frikativ, der sich viel stärker von /ṡ/ unterscheidet (im Süden Spaniens folgte der Zusammenfall von /χ/ und /h/);
2. Die große lautliche Ähnlichkeit zwischen /s/ und /ṡ/ führte im Norden und im Zentrum Spaniens zu dem Wandel /s/ → /θ/, d.h. aus dem (prädorso-)dentalen Frikativ wurde ein interdentaler Frikativ (Interdentalisierung), der sich klanglich sehr viel deutlicher vom kastilischen /ṡ/ abhob: /ṡ/ vs. /θ/ (im Süden erfolgte die sog. *confusión andaluza*, d.h. zwischen /s/ und /θ/ wird nicht unterschieden, sie fallen in /s/ zusammen (*seseo*); in Teilgebieten gehen beide Laute in /θ/ auf (*ceceo*)).

Diese „kompensatorischen" Veränderungen haben während der Siglos de Oro zu einem tiefgreifenden Wandel des Sibilantensystems geführt:

Norden und Zentrum:
interdentaler Frikativ: /θ/ – *caza*
apiko-alveolarer Frikativ: /ś/ – *casa*
velarer Frikativ: /χ/ – *caja*
Südspanien:
dentaler Frikativ: /s/ – *casa/caza*
glottaler Frikativ: /h/ – *caja*

Als Folge dieser Lautentwicklungen spaltete sich die spanische Sprache im 16. Jh. in zwei deutlich abgrenzbare Varietäten:

1. Die nördliche Hälfte des Königreichs Kastilien, Toledo, Murcia und Gebiete Westandalusiens haben /θ/, /ś/ und /χ/.
2. Der größte Teil Andalusiens, die Kanarischen Inseln und Hispanoamerika haben /s/ und /h/.

Die drei genannten Erklärungen für Lautwandel sind interner Art, d.h. sie liegen im Sprachsystem begründet. Daneben kann Lautwandel aber auch externe Gründe haben, was der Fall ist, wenn es im Rahmen von Kontakten zu anderen Sprachen zu Veränderungen kommt. So hat beispielsweise der Einfluss der indigenen Sprache Náhuatl dazu geführt, dass das mexikanische Spanisch den Konsonantennexus /tl-/ in wortinitialer Position übernommen hat.

2.7.3 Grundlegendes zur historischen Lautlehre

Silben und Betonung:

In mehrsilbigen Wörtern lassen sich die folgenden Silben unterscheiden. Die **Haupttonsilbe** ist die Silbe, die den Hauptton (Hauptakzent) trägt, d.h. bei der Artikulation ist hier der Atemdruck/Atemausstoß am größten, wie etwa in sp. *ca-te-**drá**-ti-co*. Als **Nebentonsilbe** wird die erste Silbe eines Wortes bezeichnet, wenn diese nicht Haupttonsilbe ist: ***ca**-te-drá-ti-co*. Sie wird mit einem etwas geringeren Atemdruck artikuliert als die Haupttonsilbe, jedoch mit stärkerem als die unbetonten Silben. Die **unbetonten Silben** können im Wortauslaut (Auslautsilbe: *ca-te-drá-ti-**co***) sowie im Wortinnern auftreten. Bezüglich der unbetonten Silben im Wortinnern unterscheidet man zwischen der **vortonigen** Silbe, die vor der Haupttonsilbe positioniert ist (*ca-**te**-drá-ti-co*), und der **nachtonigen** Silbe, die auf die Haupttonsilbe folgt (*ca-te-drá-**ti**-co*).

Die Betonung im klassischen Latein:

Die Betonung (Wortakzent) liegt im Lateinischen auf der letzten, vorletzten oder drittletzten Silbe. Im lateinischen Wortschatz lassen sich demnach unterscheiden:

1. Oxytona: Wörter mit Betonung auf der letzten Silbe, der *Ultima*;
2. Paroxytona: Wörter mit Betonung auf der vorletzten Silbe, der *Paenultima*;
3. Proparoxytona: Wörter, die auf der drittletzten Silbe, der *Antepaenultima*, betont werden.

Im klassischen Latein erfolgte die Betonung nach dem Gesetz der vorletzten Silbe (Paenultimagesetz): **Zweisilbige** Wörter werden (von wenigen Ausnahmen abgesehen) immer auf der vorletzten Silbe betont: *ser-vus*, ***a**-vus*, ***vo**-cat*. Wörter mit **drei oder mehr Silben** werden auf der vorletzten Silbe betont, wenn diese **lang** ist, wobei sie von Natur aus lang sein kann oder aufgrund ihrer Position innerhalb des Wortes:

a) von Natur aus lang („Naturlänge“): die Silbe enthält einen langen Vokal oder einen Diphthong: *a-mī-cus*, *Rō-mā-nus*;

b) durch Position lang („Positionslänge“): auf den kurzen Vokal der Paenultima folgt mehr als ein Konsonant. Da in diesen Fällen im Lateinischen, der erste Konsonant der vorletzten Silbe zugehört, endet sie auf einen Konsonant, d.h. sie ist geschlossen: *Mi-ner-va*, *fe-nes-tra*, *co-lum-ba*. Ausnahme: Wenn auf den Vokal die Konsonantenverbindung Okklusivlaut + *l* oder *r* folgt (*muta cum liquida*), also *b*, *p*, *d*, *t*, *g*, *c* + *l* oder *r*, da dieser Konsonantennexus im klassischen Latein, außer an der Morphemgrenze, als Einheit und somit nur als ein Konsonant aufgefasst wurde, der im klassischen Latein grundsätzlich zur Folgesilbe gehört: *mul-tĭ-plex* (‘vielfach; zahlreich’), *in-tĕ-grī* (‘unverletzt’), *ce-lĕ-brat* (‘er/sie feiert/preist’), aber: *ab-lēgō* (‘wegsenden; entfernen’).

Ist die vorletzte Silbe hingegen **kurz**, dann springt die Betonung auf die vorangehende, also die drittletzte Silbe: *do-mi-nus*, *me-di-cus*, *am-bu-lat*, *in-ter-rogat*.

Im Spanischen (sowie in den übrigen romanischen Sprachen) bleibt die Tonsilbe des klassischen Lateins i.d.R. erhalten. In spezifischen Kontexten kommt es jedoch zu einer Akzentverschiebung (s.u. 2.7.4.1).

Der Sonderfall der Halbvokale/Halbkonsonanten:

Neben den Vokalen und Konsonanten gibt es Laute, die sowohl vokalischen als auch konsonantischen Charakter besitzen und als Halbvokale/Halbkonsonanten (auch: Approximanten, Gleitlaute) bezeichnet werden. Das Vulgärlateinische und das Spanische kennen die beiden Halbvokale/Halbkonsonanten [j] (auch *Jot* genannt) und [w]. Die Approximanten besitzen insofern konsonantischen Charakter, als sie ebenso wie die Konsonanten alleine keine Silbe bzw. keinen Silbenkern bilden können. Gleichzeitig haben sie jedoch mit den Vokalen gemein, dass ihre Artikulation ohne die für Konsonanten typische Geräuschbildung erfolgt. Die Halbvokale/Halbkonsonanten [j] und [w] stehen den hohen Vokalen [i] und [u] sehr nahe und werden gebildet, indem diese beiden extrem geschlossenen Vokale noch weiter geschlossen werden, was durch eine noch stärkere Anhebung der Zunge als bei der Artikulation von [i] und [u] erreicht wird. Dabei nähert sich der Zungenrücken dem Palatum und es entsteht eine Engebildung, die eine gewisse Luftreibung bewirkt. Die Halbvokale/Halbkonsonanten bilden zusammen mit einem vollwertigen Vokal Doppellaute (Diphthonge), wie z.B. sp. *ai* (*aire*), *ia* (*familia*), *ua* (*cuatro*), *au* (*aula*) usw. Von Halbkonsonant spricht man, wenn der Approximant direkt auf einen Konsonanten folgt und in dieser Position einen stärker ausgeprägten konsonantischen Charakter aufweist als in nachvokalischer Stellung (hier spricht man von Halbvokal); der stärkere konsonantische Charakter des Halbkonsonanten ergibt sich dadurch, dass dieser von dem unmittelbar vorangehenden Konsonanten etwas Reibung (die Konsonanten auszeichnet) „abbekommt“:

Halbkonsonant:	Halbvokal:
familia [fa'milja]	*aire* ['ai̯re]
puedo ['pweδo]	*aula* ['au̯la]

Die Halbkonsonanten werden in der Literatur häufig durch [j] und [w] dargestellt, während die Halbvokale durch [i̯] und [u̯] symbolisiert werden. Oftmals werden jedoch Halbvokale und Halbkonsonanten einheitlich durch [j] und [w] wiedergegeben; im Folgenden wird uns die feine Differenzierung zwischen Halbvokal und Halbkonsonant nicht weiter interessieren und deshalb werden sowohl [j] und [w] als auch [i̯] und [u̯] für die beiden Approximanten verwendet. Wie diese zwei Gleitlaute im Vulgärlateinischen entstanden sind und wie sie hier bzw. im Altspanischen auf ihre lautliche Umgebung einwirken, wird unten in 2.7.4.1 behandelt.

2.7.4 Lautung

Woher wissen wir überhaupt, wie die Römer ihr antikes Latein ausgesprochen haben und wie sie Wörter betont haben? Nun, die wichtigste Quelle hierfür sind die Angaben, die in dem uns überlieferten Schrifttum, das im Falle des Lateinischen recht umfänglich ist, zu diesen Fragen gemacht werden. In erster Linie sind hier die Ausführungen der römischen Grammatiker in ihren Grammatikwerken zu nennen. Daneben gibt uns aber auch das Griechische Auskunft über die Aussprache der lateinischen Laute. So wissen wir beispielsweise auch aufgrund der griechischen Schreibungen von Caesar als Καισαρ und von Cicero als Κικερων, dass diese beiden Namen im Lateinischen als ['kaisar] und ['kikero] realisiert worden sein müssen.

Bei der Herausbildung des Altspanischen aus dem Lateinischen ist es im Bereich der Lautung zu zahlreichen tiefgreifenden Veränderungen gekommen, wobei schon im Lateinischen selbst zwischen der klassischen Sprache und dem Vulgärlatein des Alltags große Unterschiede bestanden. Wie allgemein üblich, wird bei der folgenden Darstellung der Lautentwicklungen zwischen Vokalismus und Konsonantismus unterschieden. Schon im Vorwort wurde darauf hingewiesen, dass hier keine umfassende, lückenlose Darstellung des Altspanischen beabsichtigt ist; insbesondere was die Lautung anbelangt, kann es im Hinblick auf das im Vorwort genannte Ziel des vorliegenden Buches nicht darum gehen, sämtliche Lautphänomene einschließlich der jeweiligen Sonderentwicklungen zu präsentieren; wir werden uns vielmehr auf die Behandlung der wichtigsten phonetischen und phonologischen Veränderungen vom klassischen Latein bis zum Altspanischen beschränken (die folgende Darstellung beruht vor allem auf Berschin et al. 1995, 83–87, Penny 2002, 34–110, Pharies 2007, 77–98, Torrens Álvarez 2007, 37–76 und Lathrop 2010, 17–32, 82–135).

2.7.4.1 Vokalismus

Das klassische Latein besaß je fünf (orale) Lang- und Kurzvokale und zudem drei (orale) Diphthonge:[6]

Langvokale:	*ā, ē, ī, ō, ū*
Kurzvokale:	*ă, ĕ, ĭ, ŏ, ŭ*
Diphthonge:	*ae* [aj], *oe* [ɔj], *au* [aw][7]

Die Länge (Quantität) der Vokale war bedeutungsunterscheidend (distinktiv):

/ā/	vs.	/ă/:	*mālum* 'Apfel'	vs.	*mălum* 'Übel'
/ē/	vs.	/ĕ/:	*vēnit* 'er/sie ist gekommen'	vs.	*vĕnit* 'er/sie kommt'
/ī/	vs.	/ĭ/:	*līber* 'frei'	vs.	*lĭber* 'Buch'
/ō/	vs.	/ŏ/:	*ōs* 'Mund'	vs.	*ŏs* 'Knochen'
/ū/	vs.	/ŭ/:	*fūris* 'des Diebes'	vs.	*fŭris* 'du wirst wütend'

Diese Differenzierung zwischen langen und kurzen Vokalen bestand im klassischen Latein sowohl in betonten als auch in unbetonten Silben (anders verhält es sich beispielsweise im Deutschen, wo diese Unterscheidung ja nur in betonten Silben gegeben ist). Diese Unterscheidung der Vokale nach dem Kriterium der Quantität ging im Vulgärlatein verloren (sog. „Quantitätenkollaps") – die Vokale konnten hier jedoch nach ihrer Qualität differenziert werden, d.h. nach ihrem unterschiedlichen Öffnungsgrad (offen vs. geschlossen):

klass. Latein:	ī	ĭ ē	ĕ	ā ă	ŏ	ō ŭ	ū
	⇓	⇓	⇓	⇓	⇓	⇓	⇓
Vulgärlatein:	i	e	ɛ	a	ɔ	o	u

Das Vulgärlateinische besaß kein einheitliches Vokalsystem, sondern vielmehr lassen sich in Bezug auf die heutigen romanischen Sprachen(gebiete) vier verschiedene Systeme unterscheiden. Das oben dargestellte vulgärlateinische Vokalinventar gilt für die Westromania sowie für Mittelitalien und wird als italisches System bezeichnet (zu den anderen drei Systemen vgl. etwa Berschin et al.

[6] Hier sollte angefügt werden, dass das klassische Latein noch mehr tatsächlich gesprochene Vokale kannte und dass Vokale, für die es kein eigenes Graphem gab, mit *i* und *u* wiedergegeben wurden (vgl. Schönberger 2010, 239).

[7] Von den zahlreichen Diphthongen des Altlateinischen hat das klassische Latein des 1. Jh. v. Chr. insgesamt vier Diphthonge bewahrt. Da der vierte Doppellaut *eu* [ɛw] jedoch weitgehend auf Fremdwörter, insbesondere griechischen Ursprungs, beschränkt ist (vgl. Kramer 2007, 27), wird er in den einschlägigen Arbeiten zum Vulgärlateinischen bzw. Altromanischen üblicherweise nicht berücksichtigt.

2008, 67). Da es das verbreitetste System war, wird es häufig auch als das vulgärlateinische schlechthin bezeichnet (ib.). Die Zahl der Vokalphoneme schrumpft hier von zehn im klassischen Latein auf sieben im Vulgärlatein. Dabei ist jedoch zu beachten, dass sich das oben präsentierte Vokalsystem ausschließlich auf die haupttonigen Vokale bezieht, bei den nebentonigen und unbetonten Vokalen kommt es zu einer noch stärkeren Reduktion auf fünf bzw. drei Vokale (s.u. den schematischen Überblick). Auch für die weitere Entwicklung vom Vulgärlatein zum Altspanischen ist die Unterscheidung zwischen haupttonigen, nebentonigen und unbetonten Vokalen von entscheidender Bedeutung.

1. Vokale im Hauptton und im Nebenton:

a) Langvokale: Die langen Vokale des klassischen Latein bleiben sowohl in haupttoniger als auch in nebentoniger Stellung bis ins moderne Spanisch als *a*, *e*, *i*, *o*, *u* erhalten:

klassisches Latein:	Vulgärlatein:	Spanisch:
pālum	*pálu*	*palo*
catēnam	*caténa*	*cadena*
cīvitātem	*cìvitáte*	*ciudad*
hōram	*hóra*	*hora*
fūmum	*fúmu*	*humo*

b) Kurzvokale:

b.1) im Hauptton:

klassisches Latein:		Vulgärlatein:		Spanisch:	
á	(*mátrem*)	á	(*mátre*)	á	(*madre*)
é	(*térram*)	ɛ́	(*tɛ́rra*)	jé	(*tierra* ['tjerra])
í	(*cíbum*)	é	(*cébo*)	é	(*cebo*)
ó	(*fócum*)	ɔ́	(*fɔ́cu*)	wé	(*fuego* ['fweɣo])
ú	(*cúrtum*)	ó	(*córto*)	ó	(*corto*)

Die unter dem Hauptton erscheinenden *ĕ* und *ŏ* des klassischen Latein entwickeln sich im Vulgärlatein zu *ɛ́* und *ɔ́*, die im Altspanischen zu *jé* und *wé* diphthongiert werden, wodurch sich das Altspanische deutlich von den anderen iberoromanischen Sprachen Portugiesisch, Galicisch und Katalanisch abhebt. Zur Diphthongierung kommt es im Spanischen sowohl in offenen Silben (enden auf einen Vokal) als auch in geschlossenen (gehen auf einen Konsonanten aus): lat. *fɔ́cu* > sp. *fuego*; lat. *pɔ́rta(m)* > sp. *puerta*. Dadurch unterscheidet sich das Spa-

nische von den übrigen romanischen Sprachen, da in diesen der als *romanische Diphthongierung* bezeichnete Lautwandel lediglich in offenen Silben begegnet, siehe etwa frz. *porte*, it. *porta* (vgl. Tagliavini 1998, 187).
b.2) im Nebenton:

klassisches Latein:		Vulgärlatein:		Spanisch:	
à	*(**pà**radisum)*	à	*(**pà**radisu)*	à	*(**pa**raíso)*
è	*(**sè**ptimanam)*	è	*(**sè**ptimana)*	è	*(**se**mana)*
ì	*(**pì**scare)*	è	*(**pè**scare)*	è	*(**pe**scar)*
ò	*(**hò**norare)*	ò	*(**hò**norare)*	ò	*(**ho**nrar)*
ù	*(**pù**ritatem)*	ò	*(**pò**ritate)*	ò	*(**po**ridad)*

Die drei **Diphthonge** des Lateinischen *ae* [aj], *oe* [oj] und *au* [aw] werden im Vulgärlateinischen monophthongiert: *ae* entwickelt sich unter dem Hauptton zu ε,[8] in den anderen beiden Positionen (nebentonig und unbetont) hingegen zu *e*; *oe* wandelt sich positionsunabhängig grundsätzlich zu *e*; *au* wird in allen Positionen i.d.R. (s.u.) zu *o*:

klassisches Latein:		Vulgärlatein:	
ae	***ae**cum* ['kajkum]	ε	**c**é**co* ['kεko] (> sp. *c**ie**go*)
oe	*p**oe**nam* ['pojnam]	e	**p**e**na* (> sp. *p**e**na*)
au	***au**riculas* [aw'rikulas]	o	*****o**riclas* (> sp. ***o**rejas*)[9]

Bezüglich des Diphthongs *au* [aw] ist auf die folgende Ausnahmeentwicklung hinzuweisen: Wenn der Diphthong einem Velarkonsonanten, dem ein /u/ folgt, unmittelbar vorangeht, dann entfällt die velare Komponente des Doppellauts, also der Halbvokal bzw. Halbkonsonant [w], so dass von [aw] nur das /a/ erhalten

---

[8] Bei einigen wenigen Wörtern, die Realia aus dem Bereich des Landlebens benennen, haben wir jedoch [ē] für *ae*, weil dies die auf dem Lande übliche Aussprache des Diphthongs war (vgl. etwa lat. FAENU(M) [fēnu(m)] > sp. *heno* ['eno]; vgl. Kramer 2007, 27, Fußn. 13).

[9] Der Diphthong *au* [aw] wurde nur in ländlichen Gebieten als [ō] ausgesprochen, während sich diese gemeinhin als plebejisch-rural geltende Monophthongierung im städtischen Latein niemals durchsetzen konnte und überwiegend nur dann verwendet wurde, wenn man seiner Rede einen volkstümlichen oder familiären „Anstrich" verpassen wollte (vgl. Kramer 2007, 28f.). Auch für die Frühformen der romanischen Sprachen ist im Allgemeinen von einer Bewahrung von [aw] auszugehen (ib., 29). In einigen romanischen Sprachen, wie z.B. im Portugiesischen, Sardischen, Okzitanischen und Rumänischen, blieb der Diphthong auch später noch (zumindest in den meisten Fällen) erhalten, siehe z.B. lat. AURU(M) > pg. *ouro*; rum. *aur* 'Gold' (vgl. hierzu Tagliavini 1998, 188; Kiesler 2006, 44).

bleibt: lat. *augustu* > sp. *agosto*, lat. *auguriu* > sp. *agüero* (vgl. Torrens Álvarez 2007, 43).[10]

Es ist zu beachten, dass sich in bestimmten Fällen die Akzentverhältnisse im Einzelwort von denen innerhalb einer festen syntaktischen Gruppe unterscheiden:

Einzelwort:

illu dóm(i)nu > *el dueño* (unter dem Hauptton diphthongiert das kurze lat. *o*)

syntaktische Gruppe:

dòm(i)nu Martínu > *Don Martino* (unter dem Nebenton bleibt *o* erhalten)

(Hier bildet *dominu* zusammen mit dem Eigennamen eine feste syntaktische Gruppe, die auch in prosodischer Hinsicht als Einheit behandelt wird. Dies bedeutet, dass es nur einen Wortakzent (Hauptton) gibt, der auf der vorletzten Silbe des den Mitteilungsschwerpunkt bildenden Elements, des Eigennamens, liegt. Das ansonsten den Hauptton tragende *o* in *dom(i)no* erhält lediglich einen Nebenton und wird daher nicht zu *ue* diphthongiert.)

2. Unbetonte Vokale:

Beim Übergang vom Lateinischen zum Vulgärlateinischen und Altspanischen fallen unbetonte Vokale in bestimmten Positionen aus, mit der Ausnahme von *a*, das im Allgemeinen nicht von diesem Schwund betroffen ist. Diese Elision der unbetonten Vokale im Vulgärlatein wird üblicherweise dadurch erklärt, dass diese Varietät nach 300 n. Chr. (möglicherweise auch schon während der klassischen Zeit) primär durch einen expiratorischen Akzent gekennzeichnet war (vgl. Pharies 2007, 83; Palmer 2000, 235–238). Unter Akzent versteht man die Hervorhebung einer Silbe eines Wortes bzw. einer Äußerung, die durch unterschiedliche Mittel erreicht werden kann, wie beispielsweise durch die Steigerung der Tonhöhe beim sog. musikalischen Akzent (Tonhöhenakzent), den wir etwa im Altgriechischen antreffen. Beim expiratorischen (dynamischen) Akzent hingegen erfolgt die Hervorhebung durch Verstärkung des Atemdrucks bzw. Atemausstoßes, wobei als Nebeneffekt der unbetonte Vokal, der auf die akzen-

[10] Die Entwicklung [aw] > [a] tritt im Vulgärlateinischen mitunter auch dann auf, wenn auf ein in der Anfangssilbe positioniertes *au* in der Folgesilbe ein /u/ oder /o/ folgt, dem kein velarer Konsonant vorangeht, so dass hier von einer Dissimilation ausgegangen werden kann: *Claudius* > *Cladius* (vgl. Kramer 2007, 29).

tuierte Silbe (Hauptton) folgt, kürzer ausgesprochen und somit weiter geschwächt wird, was schließlich zum Ausfall führt: lat. *dómina* > *domna* (> sp. *dueña*); lat. *óculus* > *oclus* (> sp. *ojos*) usw.

Auch bei den unbetonten Vokalen ist hinsichtlich der Lautentwicklung zwischen Einzelwörtern und festen syntaktischen Gruppen zu differenzieren.

a) Entwicklungen am Einzelwort:

a.1) Synkope (Wegfall eines Vokals im Wortinnern):

Lateinisch:	Altspanisch:
*ás**i**nu*	*asno*
*temp**o**ránu*	*temprano*
*cons**u**túra*	*costura*
*cat**e**nátu*	**cadnado* > *candado*
*lítt**e**ra*	*letra*

aber Erhalt von *a*: *par**a**dísu* > *par**a**íso*, *órph**a**nu* > *huérf**a**no*

Wie die obigen Beispiele zeigen, sind sowohl vortonige als auch nachtonige Vokale vom Ausfall betroffen.

a.2) Apokope (Wegfall eines Vokals am Wortende):

Im Lateinischen sind Kurzvokale am Ende des Wortes grundsätzlich unbetont. Vor dem Hintergrund der oben unter b.2 beschriebenen Lautentwicklungen folgt daraus, dass beim Übergang vom Lateinischen zum Altspanischen überhaupt nur die Vokale *a*, *e*, *o* für die finale Position in Betracht kommen. Da *a* und *o* am Wortende niemals ausfallen, betrifft die Apokope ausschließlich den Vokal *e*. Dabei lassen sich zwei unterschiedliche Typen unterscheiden:

a) Die „normale" Apokope, die seit dem 10. Jh. belegt ist, erfolgt nach den dental-alveolaren Konsonanten *n*, *l*, *r*, *s*, *d*, *z* [dz], sofern diese allein, d.h. nicht als Teil einer Konsonantengruppe, auftreten:

pane > *pan*
sōle > *sol*
mare > *mar*
messe > *mies*
vēritāte > *verdade* > *verdad*
vōce > *voz*

Bis zum 15. Jh. konnten die Pronomen *se* und *le* in enklitischer Stellung in apokopierter Form auftreten: *comiós'* – *comiose* (nsp. *se comió*), *diol'* – *diole* (nsp. *le dio*). In proklitischer Position trat stets die Vollform auf, die sich schließlich

durchsetzte. Bei der 1. Person Singular des *pretérito indefinido* und der 3. Person Singular des Präsens Indikativ kam es in einigen Fällen ebenfalls zur Apokope des finalen *e*: *fiz*, *pus*, *diz*, *tien*, *vien*, *val* usw. Da die meisten Verben jedoch in den entsprechenden Konjugationsformen keinen dental-alveolaren Konsonanten vor dem finalen *e* aufwiesen und somit keine Apokope erfolgte, wurde der Vokal in Analogie zu diesen Formen wieder angefügt (*tiene*, *viene*, *vale* etc.). Eine Ausnahme bilden die Imperativformen (*ten*, *ven*, *sal*, *pon*…), da hier die besonders starke Betonung der Stammsilbe die Schwächung des Auslautvokals nach sich zog und somit dessen Ausfall begünstigte.
b) Die „extreme" Apokope erfolgte sehr viel später als die „normale" Apokope und hielt nur relativ kurze Zeit an (bis Ende des 13./Anfang des 14. Jh.). Im Zuge dieser unsystematischen Apokope des finalen *e* konnte jedweder Konsonant und auch jede Konsonantengruppe in die wortfinale Position gelangen.[11] Gleichzeitig zeichnete diese Entwicklung sich dadurch aus, dass in denselben Kontexten neben der apokopierten Form auch die Vollform auftreten konnte, die sich sprachgeschichtlich schließlich durchgesetzt hat:

pariente – parient
noche – noch
nueve – nuev/nuef

Die Apokope unterbleibt grundsätzlich, wenn das finale *e* als Stützvokal fungiert, wie etwa in: *homine* > *hombre*. Hier ist der Konsonantennexus *-br-* hinsichtlich der Artikulation auf die Stützung durch den Vokal *e* angewiesen.

Bei der Voranstellung des Adjektivs *grande* vor das Substantiv kam es zur Bevorzugung der apokopierten Form und schließlich zur Vereinfachung der Konsonantengruppe: *grande* > *grand* > *gran*. Die pränominale Position begünstigte bei einigen hochfrequenten Adjektiven und Determinierern den Ausfall des finalen *o*: *buen*, *algún*, *ningún*, *primer*, *tercer*. Im Altspanischen zeigen auch Wörter wie *tod(o)* und *sol(o)* mitunter die Apokope, die jedoch wieder rückgängig gemacht wurde.

---

[11] Nach Lloyd (1987, 320f.) ist die Tendenz, das finale *e* nach einer Konsonantengruppe zu eliminieren auf den Einfluss bilingualer Galloromanen zurückzuführen, die in jener Zeit in Spanien hohe geistliche Ämter bekleideten. Als deren Prestige im 14. Jh. zu schwinden beginnt, wird auch die Apokope des wortfinalen *e* in diesen Kontexten seltener.

a.3) Kontraktion:

Wenn zwei identische (oder sehr ähnliche) Vokale im Zuge bestimmter Lautentwicklungen unmittelbar aufeinanderstoßen, verschmelzen sie:

(*vidére* >) *veer* > *ver*
(*fide* >) *fee* > *fe*

Ausnahmen: z.B. *creer* und *leer*.

b) Entwicklungen innerhalb der syntaktischen Gruppe:

Apokope:

Wenn ein wortfinales *o*, das ja normalerweise erhalten bleibt (s.o. a.2), innerhalb einer festen syntaktischen Gruppe auftritt, dann wird es mitunter wie ein vortoniges *o* behandelt und getilgt:

**uno buéno chico*	>	*un buén chico*
**ciento líbros*	>	*cien líbros*
**mio líbro*	>	*mi líbro*
**dòm(i)no Cár(o)los*	>	*don Cárlos*

Von Apokope lässt sich hier nur in Bezug auf das Einzelwort sprechen, im Hinblick auf die Einheit der festen Wortgruppe handelt es sich freilich um Synkopen.

Die folgende schematische Darstellung fasst die wichtigsten Entwicklungen (ohne Sonderentwicklungen) im Bereich des Vokalismus vom Lateinischen zum Spanischen zusammen (vgl. Berschin et al. 1995, 86):

Latein							
Klt.	ī	ĭ ē	ĕ	ā ă	ŏ	ō ŭ	ū
Vlt.	i	e	ɛ	a	ɔ	o	u
Spanisch							
Hauptton	i	e	je	a	we	o	u
Nebenton	i	e		a	o		u
unbetont	e			a	o		

3. Die Halbvokale/Halbkonsonanten [j] und [w]:

Wie wir schon gesehen haben, sind die beiden Approximanten jeweils gemeinsam mit einem Vokal sowohl im Lateinischen als auch im Spanischen Bestandteil eines Diphthongs. Insbesondere Jot [j] kommt darüber hinaus große Bedeutung zu, weil dieser Gleitlaut in zahlreichen Fällen die Lautgestalt des vorangehenden Vokals oder eines benachbarten Konsonanten beeinflusst. Doch bevor wir zu der Einwirkung der beiden Approximanten auf ihre lautliche Umgebung kommen, wollen wir uns zunächst einmal ansehen, wie sie im Vulgärlateinischen entstanden sind.

Im Hiat(us)[12] erscheinende, unbetonte [e], [i] und [o], [u] beginnen ca. im 1. Jh. v. Chr. ihren silbischen Wert zu verlieren und werden zu den Halbvokalen [j] bzw. [w], wodurch aus dem betreffenden Hiat ein Diphthong entsteht:

klassisches Latein:	Vulgärlatein:	
fi-li-a	**fi-lja*[13]	(> sp. *hija*)
pi-e-ta-te	**pje-ta-te*	(> sp. *piedad*)
vi-ne-a	**vi-nja*	(> sp. *viña*)
ca-ve-a	**ca-vja*	(> sp. *cava*)
co-a-gu-la-re	**cwa-gu-la-re*	(> sp. *cuajar*)
fu-is-tis	**fwis-tes*	(> sp. *fuisteis*)

Generell ist festzuhalten, dass sich im Hiat befindende Vokale in einer sehr schwachen Position sind und vor allem durch die Entwicklung zum Halbvokal/Halbkonsonant und durch Schwund beseitigt werden bzw. als Silbengipfel ausfallen, so dass das betreffende Wort um eine Silbe gekürzt wird. Die allgemeine Tendenz des Vulgärlateinischen zur Hiatusvermeidung lässt sich wohl dadurch erklären, dass innerhalb eines Wortes das unmittelbare Aufeinanderstoßen von zwei Vokalen, die zu verschiedenen Silben gehören, also jeweils einen eigenen Silbengipfel repräsentieren, von den Sprechern offensichtlich als störend bzw. nicht gut klingend empfunden wurde (vgl. Kramer 2007, 29f.). Dies betrifft jedoch keineswegs nur die lateinische bzw. spätantike Epoche, denn eine

---

[12] Von *Hiatus* (Hiaten) spricht man, wenn bei zwei aufeinanderfolgenden Vokalen jeder einen *Silbengipfel* darstellt, wie z.B. sp. *te-a-tro* [te.'a.tro], *po-e-ta* [po.'e.ta], *dí-a* ['di.a].

[13] Bei der Silbentrennung in der Aussprache gehören im Lateinischen einfache Konsonanten immer zur folgenden Silbe. Daher sind die in einigen romanistischen Werken anzutreffenden Darstellungen, die dies nicht beachten (*fil-ja*, *vin-ja* etc.), nicht korrekt.

Neigung zur Hiatvermeidung ist bis heute im Spanischen und den anderen romanischen Sprachen festzustellen.

Unsere beiden Halbvokale/Halbkonsonanten haben sich jedoch nicht nur im Zuge der Hiatvermeidung herausgebildet, sondern es gibt noch weitere Kontexte, die zu ihrer Entstehung führten:

a) Palatalisierung (Vokalisierung) velarer Konsonanten im Wortinneren (s.u. 2.7.4.2): z.B.: [-kt-] > [-jt-] > [-tʃ-]: klt. NOCTE(M) > **nojte* > sp. *noche*

b) Synkope eines Konsonanten: klt. SARTAGINE(M) > vlt. **sartaine* > sp. *sartén*

c) Metathese (= Positionswechsel eines Lautes im Wortinneren): klt. CARRARIA(M) > vlt. **carraira* > sp. *carrera.*

Kommen wir nun zu dem Einwirken des Jot auf sein lautliches Umfeld! Die Vokale *a*, *ɛ*, *e*, *i*, *ɔ*, *o*, *u* lassen sich vier unterschiedlichen Öffnungsgraden zuordnen:

geschlossen:	*i, u*
halbgeschlossen:	*e, o*
halboffen:	*ɛ, ɔ*
offen:	*a*

Bei der Entwicklung vom Vulgärlatein zum Altspanischen kann durch den Einfluss von [j] der Vokal der unmittelbar vorangehenden Silbe um eine Stufe geschlossen werden, wobei es in der weiteren Entwicklung zu einer Verschmelzung des Vokals mit [j] kommen kann (vgl. Torrens Álvarez 2007, 46) – ausgenommen von diesem Wandel sind die bereits maximal geschlossenen Vokale *i*, *u*:

a > e:	klt. *bă-si-um*	> vlt. **basjo* > **bajso* > **bejso*	> sp. *beso*
ɛ > e:	klt. *mă-te-ri-a*	> vlt. **matɛjra* > **madɛjra*	> sp. *madera*
e > i:	klt. *lim-pi-dum*	> vlt. **lempjo* (nach Ausfall von *-d-*)	> sp. *limpio*
ɔ > o:	klt. *noc-tem*	> vlt. **nɔjte*	> sp. *noche*
o > u:	klt. *tur-bi-dum*	> vlt. **torbjo* (nach Ausfall von *-d-*)	> sp. *turbio*

Der Einfluss von [w] ist weit weniger bedeutend als der von Jot – ein Beispiel wäre:

klt. *aequāle* > vlt. **ekwale* > sp. *igual*

Bei den Formen des Perfekt Indikativ Aktiv des Lateinischen, deren Stamm auf *u* auslautet, bilden jene, die *a* als Haupttonvokal aufweisen, aus diesem und dem [w] der Folgesilbe den Diphthong *au* heraus, der sich dann zu *o* weiterentwickelt:

klt. *sá-pu-i* > vlt. **sap-wi* > **saw-pi* > asp. *sope* (> nsp. *supe*; analogisch)[14]
klt. *há-bu-i* > vlt. **ab-wi* > **awbi* > asp. *ove* (> nsp. *hube*; analogisch; *v* steht hier für den bilabialen stimmhaften Frikativ [β], siehe hierzu unten in 2.7.4.2)

4. Der *i*-Umlaut:

Eine Erscheinung, die im Vokalismus aller romanischen Sprachen verbreitet ist, stellt die Metaphonie dar. Dabei wird ein mittlerer Vokal (*e*, *o*) durch einen nachfolgenden geschlossenen Vokal (*i*, *u*) verändert, wobei es in der Regel zu einer Assimilation des mittleren an den geschlossenen Vokal kommt. Eine besondere Variante der Metaphonie ist der *i*-Umlaut, bei dem ein Vokal sich einem nachfolgenden *i* annähert oder angleicht. Dieser Lautwandel ist beim Übergang vom Lateinischen zum Spanischen nur bei der 1. und 2. Person Singular des Perfekts Indikativ (*pretérito indefinido*) anzutreffen:

Klassisches Latein:	Vulgärlatein:	Altspanisch:
feci	**feci* > **fici*	*fiz* > *fize* (Analogiebildung) > nsp. *hice*
veni	**veni* > **vini*	*vin* > *vine* (Analogiebildung) > nsp. *vine*
timuísti (> *timisti*)	**temesti* > **temisti*	*temiste*
fecisti	**fecesti*	*feziste* > nsp. *hiciste*

5. Akzentverschiebung:

Die den Akzent (Hauptton) tragende Silbe des klassischen Lateins bleibt im Spanischen und den anderen romanischen Sprachen im Allgemeinen erhalten. Lediglich in zwei Kontexten kommt es zu einer Akzentverschiebung:

a) Im klassischen Latein konnte die Paenultima mit kurzem Vokal nicht den Hauptton tragen, wenn ein Okklusivlaut in Kombination mit einem *l* oder *r* folgte (*muta cum liquida*), da diese Verbindung als Einheit interpretiert und daher der Folgesilbe zugerechnet wurde, die Paenultima somit also nicht auf einen Konsonant endete und daher keine geschlossene Silbe darstellte. Deshalb fiel

[14] Mit analogisch ist hier gemeint, dass die Formen im Neuspanischen in Angleichung (Analogie) an andere Perfektformen, wie *tuve*, *puse*, *pude* etc., ihren Stammvokal zu *u* wandelten.

der Akzent in diesen Fällen auf die drittletzte Silbe (s.o. 2.7.3): *ín-te-gru(m)*. Dies änderte sich im Vulgärlatein, da hier die genannten Konsonantennexus nicht mehr als eine Einheit aufgefasst wurden, und der erste Konsonant daher der Paenultima zugeschlagen wurde: *in-tég-ru*.
Beispiele (nach Kiesler 2006, 41):

Klassisches Latein:	Vulgärlatein:	Spanisch:
íntegru(m)	*intégru*	*entero*
ténebrās	*tenébras*	*tinieblas*
cáthedra(m)	*cat(h)édra*	*cadera*

Dieser Unterschied zwischen klassischem Latein und Vulgärlatein erklärt auch die Existenz bestimmter Dubletten im Spanischen (vgl. Torrens Álvarez 2007, 40):

sp. *íntegro* (Kultismus) < klt. IN-TE-GRU(M)
sp. *entero* (Erbwort) < vlt. *IN-TEG-RU

b) Bei Wörtern des klassischen Lateins, deren akzenttragender Vokal der erste Vokal eines Hiatus ist, kam es zu einer Akzentverschiebung auf den zweiten Vokal nachdem der erste Vokal zu einem Halbkonsonant geworden war, da ein solcher – ebenso wie die eigentlichen Konsonanten – im Lateinischen und den romanischen Sprachen keinen Akzent tragen kann:

Klassisches Latein:	Vulgärlatein:	Spanisch:
filíolu(m)	*filjólu*	*hijuelo*
mulíere(m)	*muliére*	*mujer*
lintéolu(m)	*linteólu*	*lenzuelo*

2.7.4.2 Konsonantismus

Ebenso wie die Vokale zeigen auch die Konsonanten bei der Entwicklung vom Lateinischen zum Spanischen zahlreiche Veränderungen, wobei zum Teil auch neue, dem Lateinischen unbekannte Konsonanten entstanden sind (vgl. zum Folgenden v.a. Penny 2002, 61–96; Torrens Álvarez 2007, 58–71 und Pharies 2007, 85–97).

Bis zum 1. Jh. v. Chr. war das Konsonantensystem des Lateinischen sehr viel „ärmer“ als das des Altspanischen. Das Konsonanteninventar des klassischen Latein zählt 15 Phoneme, die sich fünf unterschiedlichen Artikulationsarten

(Konsonantentypen) und sechs verschiedenen Artikulationsorten zuordnen lassen.

Konsonantensystem des klassischen Lateins (Phoneme):

	bilabial:	labio-dental:	dental:	alveolar:	palatal:	velar:	glottal:
stimmlose Okklusive:	p		t			k	
stimmhafte Okklusive:	b		d			g	
Frikative:		f		s			h
Nasale:	m			n	ɲ		
Laterale:				l	ʎ		
Vibranten:				r			

Nicht berücksichtigt sind hier die beiden Halbkonsonanten/Halbvokale *j* und *w*, die strenggenommen eigentlich auch den Konsonanten zuzurechnen wären. Die Inklusion von *h* ist insofern problematisch, als es im klassischen Latein bereits aus der Aussprache verschwunden war, und nur Gebildete mitunter versuchten, es an bestimmten Stellen zu artikulieren (vgl. Schönberger 2010, 240). In vielen Darstellungen des Konsonanteninventars des klassischen Lateins finden sich die labialen Velare *kw* und *gw*. Da jedoch die Schreibung ‹qu› schon im klassischen Latein oftmals für einfaches [k] stand und somit fraglich ist, ob [k^w] als eigenes Phonem des klassischen Latein gelten kann (ib.), nehmen wir diese beiden Laute hier nicht in unser Konsonanteninventar auf. Die beiden Palatallaute [ɲ] und [ʎ] fehlen üblicherweise in Darstellungen des Konsonanteninventars des klassischen Lateins. Da es sie jedoch – wie eine genaue metrische Analyse klassisch-lateinischer Dichtung zeigt – im klassischen Latein gegeben haben muss (vgl. hierzu Schönberger 2010, 240), werden sie hier berücksichtigt, und so kommt man für das klassische Latein auf 15 Konsonantenphoneme. Würde man auch die beiden Affrikatenphoneme [tʃ] und [dʒ] noch einbeziehen, die sich während der Kaiserzeit nicht nur im Vulgärlatein, sondern im gesamten damaligen Latein herausbildeten (ib.), so ergäben sich 17 Konsonantenphoneme.

Das komplexere Konsonantensystem des Altspanischen weist demgegenüber 24 Phoneme auf, die nach sechs Artikulationsarten und acht Artikulationsorten unterschieden werden können (die Phoneme, die das klassische Latein nicht kannte, sind in dem folgenden Überblick durch Fettdruck hervorgehoben).

Konsonantensystem des Altspanischen (Phoneme):

	bilab.:	lab.-dent.:	dental:	alveolar:	präpalatal:	palatal:	velar:	glottal:
stimml. Okkl.:	p		t				k	
stimmh. Okkl:	b		d				g	
stimml. Affrik.:			**ts**		tʃ			
stimmh. Affrik.:			**dz**					
stimml. Frikat.:		f		s	ʃ[15]			h
stimmh. Frikat.:	**β**			**z**	**ʒ**	ɟ[16]		
Nasale:	m			n		ɲ		
Laterale:				l		ʎ		
Vibranten:				**r/rr**				

Vergleicht man die beiden Konsonantensysteme miteinander, dann stechen zwei markante Unterschiede hervor: Das Altspanische kennt im Gegensatz zum klassischen Latein eine ganze Reihe *stimmhafter* Frikative (*β*, *z*, *ʒ* und *ɟ*), die Phonemstatus besitzen. Zudem verfügt es neben dem einfachen /r/ auch noch über das multiple /rr/.

Die zahlreichen Veränderungen, die der Konsonantismus vom Lateinischen zum Spanischen erfahren hat, werden durch drei Faktoren bestimmt: Art des Konsonanten sowie seine Position und seine Kontakte zu anderen Lauten innerhalb des Wortes. Die folgende Darstellung gliedert sich nach dem Gesichtspunkt der Stellung der Konsonanten: am Wortanfang, im Wortinneren, am Wortende. Die lautlichen Prozesse, die zur Herausbildung der sibilantischen Affrikaten und der Palatallaute im Altspanischen führten, d.h. Assibilierung und Palatalisierung, werden in eigenen Abschnitten behandelt.

1. Konsonanten am Wortanfang:

a) In Initialposition zeigen die Konsonanten die größte Stabilität, und in den meisten Fällen bleiben sie im Spanischen erhalten:

---

[15] Für diesen präpalatalen stimmlosen Frikativ (Sibilant) wird vielfach auch das Symbol *š* verwendet, und dessen stimmhaftes Pendant *ʒ* wird häufig durch *ž* wiedergegeben; im Folgenden werden beide Darstellungsweisen zum Einsatz kommen.

[16] Der stimmhafte palatale Frikativ /ɟ/ wird durch das Symbol [ɟ], teilweise auch durch [y] wiedergegeben, in nicht wenigen diachronen und synchronen Darstellungen der spanischen Lautung wird jedoch unterschiedslos [j] verwendet, obwohl der palatale Frikativ, der uns vor allem intervokalisch sowie im Wortanlaut vor Vokal begegnet (*mayo*, *yo*, *hierro*), mit einer etwas größeren Verengung im Ansatzrohr artikuliert wird als der Halbkonsonant [j], wie z. B. in *pie* [pje]. Dieser minimale Unterschied konnte experimentalphonetisch nachgewiesen werden (vgl. Monjour 2007, 141).

Lateinisch:	Spanisch:
bonu	*bueno*
dominu	*dueño*
lacte	*leche*
manu	*mano*
novu	*nuevo*
porta	*puerta*
sigillu	*sello*
terra	*tierra*
vīcīnu	*vecino*

b) Einige Initialkonsonanten verändern sich nur, wenn ihnen bestimmte Vokale unmittelbar folgen. Die velaren Konsonanten /k-/ (<c>) und /g-/ bleiben vor /a, o, u/ erhalten:

Lateinisch:	Spanisch:
caballu	*caballo*
gallīna	*gallina*

Nur in Ausnahmefällen kommt es zu einer Sonorisierung von initialem /k/: lat. CATTU > sp. *gato*; klt. COLAPHU(M) > vlt. *COLUPU > sp. *golpe*. Wenn auf /k-/ und /g-/ hingegen einer der hellen Vokale (*e*, *i*) oder der Halbkonsonant [j] folgt, dann kommt es zu Veränderungen: /k-/ wird palatalisiert und /g-/ fällt aus (s.u.).

c) Das am Wortanfang positionierte labio-dentale /f/ zeigt zwei unterschiedliche Entwicklungen: Aspirierung, auf die schließlich der Ausfall folgt, sowie Konservierung.

Aspirierung und Ausfall von /f-/:

Lateinisch:	Spanisch:
farīna	*harina*
factu	*hecho*
fornu	*horno*
filiu	*hijo*

Die Forschungen von Menéndez Pidal haben ergeben, dass Zeugnisse für den Lautwandel /f-/ > [h-] schon seit dem 9. Jh. (in nichtliterarischen Dokumenten) zu finden sind, und zwar im Norden Kastiliens sowie in der Rioja (vgl. Bollée & Neumann-Holzschuh 2003, 17). In der Schreibung ist dieser Wandel jedoch erst ab dem 14. Jh. sporadisch belegt (in literarischen Texten), ab der Mitte des 15. Jh. werden die Zeugnisse dann zahlreicher, und gleichzeitig beginnt dieses [h-] zu verstummen (ib., 16). Gegen Ende des 16. Jh. dürfte dieser Prozess in den meisten Gebieten abgeschlossen gewesen sein. Diese Entwicklung hat sich in südliche Richtung jedoch nur zögerlich ausgebreitet, worauf der folgende Beleg von Juan de Córdoba aus dem Jahre 1578 schließen lässt: „Y dizen [los de Castilla la vieja] yierro y en Toledo hierro" (zit. bei Noll 2009, 96). Initiales [h] hat sich in der Extremadura, in Andalusien (ohne den Nordosten) sowie auf den Kanaren bis heute erhalten (ib.). Bei der Entwicklung /f-/ > [h-] > ø handelt es sich um einen typischen Zug des Spanischen, der in den beiden anderen iberoromanischen Sprachen, Portugiesisch und Katalanisch, nicht anzutreffen ist.

Erhalten bleibt das anlautende lateinische /f-/ vor /r/, vor [w] sowie in einzelnen Fällen auch vor /l/ und dem Diphthong [je]:

Lateinisch:	Spanisch:
fronte	*frente*
fonte	*fuente*
flōre	*flor*
festa	*fiesta*

Darüber hinaus wurde /f-/ auch in Monosyllaba (*fui*, *fue*, *fe*) und in Wörtern, die traditionell als Kultismen gelten, konserviert (*febrero*, *firme*, *falso*, *falta* etc.).

d) Im Lateinischen wurde *r* positionsunabhängig stets als einfacher alveolarer Vibrant [r] artikuliert, d.h. die Zungenspitze schlägt einmal kurz gegen den Zahndamm (Alveolen). Beim Übergang vom Lateinischen zum Altspanischen entwickelte sich das *r* im Anlaut zu einem multiplen Vibranten [rr], bei dem die Zungenspitze mehrfach gegen die Alveolen schnellt (im heutigen Spanisch i.d.R. drei- bis viermal): lat. RATIONE(M) [r] > sp. *razón* [rr].

e) Konsonantengruppen in Initialposition bleiben – von wenigen Ausnahmen abgesehen – erhalten. Zu den Ausnahmen zählen etwa die Palatalisierungen der lateinischen Konsonantennexus *pl-* und *cl-* sowie teilweise auch von *fl-* (s.u.) und der Ausfall von /g-/ innerhalb der Verbindung *gl-*: lat. GLATTĪRE > sp. *latir*.

2. Konsonanten im Wortinneren:

a) Lenisierung

Im Altspanischen (sowie überhaupt in den westromanischen Sprachen) erfahren die Konsonanten, die im Wortinneren zwischen zwei Vokalen oder zwischen einem Vokal und einem Liquid (*r*, *l*) stehen, eine als Lenisierung bezeichnete

Schwächung. Genauer gesagt handelt es sich dabei um eine Abschwächung der Artikulation der Konsonanten durch Reduktion des Atemdrucks und der Muskelspannung bzw. Zunahme der Sonorität, wobei dieser Prozess bis zum Ausfall eines Lautes führen kann. Bei diesem Lautwandel, von dem hauptsächlich die Okklusivlaute betroffen sind, lassen sich verschiedene Prozesse unterscheiden:
a.1) Frikativierung (Spirantisierung) bzw. Tilgung der stimmhaften Okklusive:

[b] > [β]:	lat. *cibu* [kíbu]	> asp. *cevo* [tséβo]
[d] > [δ] (> ø):	lat. *crūdu* [krúdu]	> sp. *crudo* [krúδo]
	lat. *sedēre* [sedé:re]	> asp. *seer* [seér]
[g] > [γ] (> ø):	lat. *plāga* [plá:ga]	> sp. *llaga* [ʎáγa]
	lat. *lēgāle* [le:gá:le]	> sp. *leal* [leál]
	lat. *pigritia* [pigrítia]	> asp. *pereza* [perédza]

Wenn auf das stimmhafte [β] ein /u/ folgt, kann es durch die Assimilation an den Vokal auch zum Wegfall des Okklusivs kommen: vlt. *rivu* [ríβu] > sp. *río* [rrío]; vlt. *estivu* > sp. *estío*.
a.2) Sonorisierung der stimmlosen Okklusive mit anschließender Frikativierung:

	Lateinisch:		Altspanisch:		Mittelspanisch:
[p] > [b] (> [β]):	*cūpa* [kú:pa]	>	[kúba]	>	*cuba* [kúβa]
	capra [kápra]	>	[kábra]	>	*cabra* [káβra]
[t] > [d] (> [δ]):	*catēna* [katé:na]	>	[kadéna]	>	*cadena* [kaδéna]
	patre [pátre]	>	[pádre]	>	*padre* [páδre]
[k] > [g] (> [γ]):	*sēcūru* [se:kú:ru]	>	[segúro]	>	*seguro* [seγúro]
	socru [sókru]	>	[swégro]	>	*suegro* [swéγro]

Ausnahme: Intervokalisch positionierte stimmlose Okklusive, die auf einen Halbvokal folgen, bleiben erhalten: lat. *autumnu* > sp. *otoño*; lat. *paucu* > sp. *poco*.

Da die oben unter a.1 beschriebene Frikativierung ausschließlich die stimmhaften Okklusive des **Lateinischen** betrifft, muss die hier dargestellte Sonorisierung später erfolgt sein. Bezüglich der Datierung dieses Sonorisierungsprozesses, den auch die übrigen westromanischen Sprachen kennen (westromanische Sonorisierung), ist man sich in der Forschung nicht einig. Im Hinblick auf Hispanien lässt sich jedenfalls sagen, dass dieser Lautwandel für die westgotische Zeit (6. bis 8. Jh.) noch nicht nachgewiesen werden kann (vgl. Bollée & Neumann-Holzschuh 2003, 36). Die allgemeine Frikativierung der intervokalischen stimmhaften Okklusive /b, d, g/ des **Spanischen** erfolgte erst im 16. Jh., also erst im Mittelspanischen.

Zur Lenisierung lässt sich auch die Sonorisierung der intervokalischen stimmlosen Frikative und Affrikaten zählen (vgl. Pharies 2007, 91):

[s] > [z]: *rosa* [rósa] > asp. *rosa* [rróza]
[ts] > [dz]: *lūcēs* [lú:ke:s] > *[lútses] > asp. *luzes* [lúdzes]
[f] > [β]: *prōfectu* [pro:féktu] > sp. *provecho* [proβétʃo]

a.3) Vereinfachung von Geminaten (Degeminierung):
Die Doppelkonsonanten (Geminate, Singular: Geminata) weisen im Vergleich zu den entsprechenden Einfachkonsonanten insofern eine intensivere Artikulation auf als sie durch eine längere Artikulationsdauer gekennzeichnet sind; ihre Reduktion auf einfache Konsonanten stellt daher auch eine Form der Lenisierung dar:

		Lateinisch:	Spanisch:
[pp]	> [p]:	*cuppa*	*copa*
[tt]	> [t]:	*gutta*	*gota*
[kk]	> [k]:	*siccu*	*seco*

Auch bei den nicht-okklusiven Doppellauten [ss] und [mm] kommt es zu einer Vereinfachung bzw. Lenisierung:

[ss] > [s]: *ossu* [ɔ́ssu] > asp. *huesso* [wéso]
(das einfache lat. *s* wird hingegen zu [z] sonorisiert)
[mm] > [m]: *flamma* > [flámma] > sp. *llama* [ʎáma]

Demgegenüber bleibt bei den folgenden Doppelkonsonanten die Degeminierung aus: *-ll-* und *-nn-* werden zu [ʎ] bzw. [ɲ] palatalisiert, und *-rr-* bleibt erhalten, wird jedoch im Unterschied zum Lateinischen im Altspanischen als multipler Vibrant [rr] realisiert.
b) Die Opposition /b/ : /β/
Der Halbkonsonant [w], der im Lateinischen ursprünglich ein stimmhafter labiovelarer Frikativ war und <v> geschrieben wurde (LINGVA),[17] verlor im spätan-

[17] In der Antike wurde ausschließlich mit Großbuchstaben (Majuskeln) geschrieben. Die Schreibung mit Kleinbuchstaben (Minuskeln) setzt zwar schon früh ein, von einer wirklichen Minuskelschrift kann aber erst ab der Endphase der Spätantike bzw. ab dem frühen Mittelalter gesprochen werden (vgl. Eisenhut 2005, 13). Die graphische Unterscheidung

tiken Latein sein velares Element (Develarisierung) und wurde zum stimmhaften bilabialen Frikativ [β]. Infolgedessen kam es zu einem Zusammenfall mit jenem [β], das durch die Lenisierung (Frikativierung) des intervokalischen lateinischen /b/ entstanden war (s.o. a.1), die in das 1. Jh. n. Chr. datiert werden kann (vgl. Kiesler 2006, 47). In intervokalischer Stellung wiesen /b/ und /v/ somit die gleiche Aussprache als [β] auf. In initialer Position blieb die Opposition zwischen /b/ und /v/ jedoch bestehen, da /b/ in dieser Stellung ja nicht lenisiert worden war. Im Altspanischen bestand somit die folgende phonologische Opposition:
/b/ (geschrieben *b*), stimmhafter bilabialer Okklusiv, der auf lat. *b-* oder *-p-* zurückgeht:

Klassisches Latein:	Spanisch:
bene	*bien*
sapēre	*saber*

/β/ (geschrieben *v*), stimmhafter bilabialer Frikativ, der auf lat. *v-*, *-v-* oder *-b-* beruht:

Klassisches Latein:	Spanisch:
vīnu	*vino*
movēre	*mover*
caballu	*cavallo* (nsp. *caballo*)

In der Forschung wird auch in Betracht gezogen, dass /β/ (<v>) nicht als bilabialer Frikativ (so wie im modernen Spanisch), sondern als labio-dentaler Frikativ (so wie etwa im Französischen und Italienischen) realisiert worden sein könnte (vgl. Torrens Álvarez 2007, 63).

Seit dem Beginn des 13. Jh. ist am Wortanfang die Schreibung <b> für <v> belegt (*boz*, *berdad*, *boda* usw.),[18] gleichzeitig begegnet im Altspanischen auch der umgekehrte Fall. Diese Vertauschungen werden als Betazismus bezeichnet, wobei es sich um eine Erscheinung handelt, die schon im Vulgärlatein häufig auftrat (vgl. Kramer 2007, 32f.). Im Spanischen hat sich die Vertauschung im Laufe des 15. Jh. auch auf die intervokalische Position ausgedehnt, und man gelangte so schließlich zu der noch heute gültigen Verteilung, d.h. es gibt ein Pho-

zwischen *v* und *u* (sowie *i* und *j*) wird im Lateinischen erst im 16. Jh. vorgenommen – sie geht zurück auf den Philosophen Petrus Ramus (vgl. Stroh 2007, 318).

[18] In einigen Fällen ist es nicht zur Restituierung des etymologischen *v* gekommen: *boda* < VOTA, *abogado* < ADVOCATU (vgl. Torrens Álvarez 2007, 64, Fußn. 2).

nem /b/ mit zwei positionsbedingten Allophonen: Der bilabiale Okklusiv [b] wird am Beginn einer phonetischen Gruppe sowie nach dem homorganen /m/ artikuliert, der bilabiale Frikativ [β] erscheint in allen übrigen Positionen.

Abschließend sei noch auf eine Sonderentwicklung von /b/ im Altspanischen hingewiesen: Das durch eine Synkope in implosive Position geratene /b/ wird zu /u/ vokalisiert:

CĪVITĀTE > *cibdad* > *ciudad*
CAPITĀLE > *cabdal* > *caudal*

c) Entwicklung von Konsonantengruppen

c.1) Neben der oben beschriebenen Degeminierung ist es bereits im spätantiken Vulgärlatein auch bei Konsonantenverbindungen, die aus unterschiedlichen Konsonanten bestehen, durch Assimilationen zur Vereinfachung gekommen:

[ns] > [s]:	lat. *mēnsa* > sp. *mesa*
[mn] > [nn] (> [ɲ]):	lat. *autumnu* > sp. *otoño*

In einigen Fällen sind dadurch Doppelkonsonanten entstanden, die im Neuspanischen oftmals vereinfacht wurden:

[ps] > [ss]:	lat. *ipse* > sp. *esse*
[pt] > [tt]:	lat. *septem* > *[sέtte] > sp. *siete*
[mb] > [mm]:	splt. *palumba* > *[palómma] > sp. *paloma*

c.2) Durch die Synkopierung unbetonter Vokale sind oftmals Konsonantenverbindungen entstanden, die es vorher nicht gab. Diese werden als sekundäre Konsonantengruppen bezeichnet, im Unterschied zu den Konsonantennexus, die direkt aus dem Latein bzw. aus dem spätantiken Vulgärlatein geerbt wurden, den primären Konsonantengruppen. Einige dieser sekundären Konsonantengruppen blieben im Spanischen unverändert erhalten, bei vielen kam es jedoch zu Veränderungen mit dem Ziel, die Artikulation zu erleichtern.

Vereinfachung:

SEPTIMĀNA > *setmana* > *semana*
COMPUTĀRE > *comptar* > *contar*

Metathese (Umstellung von Lauten; der Apostroph zeigt den Vokalschwund (Synkope) an):

T'N > /nd/: CATĒNĀTU > **cadnado* > *candado*
T'L > /ld/: CAPITULU > **cabidlo* > *cabildo*
M'L > /lm/: CUMULU > **comlo* > *colmo*
N'R > /rn/: VENERIS > **vienres* > *viernes*

Assimilation (Angleichung von Lauten):

COMITE > *comde* > *conde*

Die Form *conde* ist aus folgendem Grund einfacher zu artikulieren als *comde*: Der Nasal *m* wird bilabial gebildet, indem Ober- und Unterlippe einen kompletten Verschluss des Sprechapparates bilden, und die Atemluft durch die Nase entweicht. Das unmittelbar auf *m* folgende *d* wird hingegen dental gebildet, also indem die Zungenspitze die oberen Schneidezähne berührt. Nun passen sich im Spanischen jedoch die Nasale an ihren Folgekonsonanten an, und so wird das bilabiale *m* zu einem dentalen *n*, was bedeutet, dass der Sprecher nach der Realisierung des Nasals keinen Positionswechsel mehr mit der Zunge zu vollziehen hat, sondern die Zunge kann nach der Artikulation des *n* gleich bei der oberen Zahnreihe bleiben, da dort auch das dentale *d* gebildet wird. Der Nasal *n* wird üblicherweise am Zahndamm (Alveolen) gebildet, daher wird das dentale *n* in der phonetischen Transkription mit einem Diakritikon versehen: *conde* [kon̪de].

Dissimilation (deutlichere Differenzierung von Lauten):

Die Dissimilation dient dazu, die große phonetische Ähnlichkeit, die zwischen den Konsonanten einer Konsonantengruppe besteht, deutlich zu verringern. Zu diesem Zweck wird einer der betreffenden Konsonanten durch einen anderen ersetzt, der sich im Hinblick auf die Artikulation deutlich von diesem unterscheidet: statt zweier Nasale ein Nasal und ein Liquid (/l/ oder /r/):

N'M > /lm/: ANIMA > *anma* > *alma*
N'M > /rm/: MINIMĀRE > **menmar* > *mermar*
M'N > /mr/: NOMINE > *nomne* > **nomre* > *nombre* (Epenthese; s.u.)

Bei den Konsonantengruppen NG'N und ND'N erleichtert die Ersetzung von /n/ durch /r/ oder /l/ die Artikulation:

NG'N > /ngr/: SANGUINE > **sangne* > *sangre*
NG'N > /ngl/: ĬNGUINE > **ingne* > *ingle*
ND'N > /ndr/: LENDINE > **liendne* > *liendre*

Epenthese (Einschub eines Lautes):
Das Einfügen von /b/ oder /d/ erleichtert den artikulatorischen Übergang zwischen zwei Konsonanten:

M'R > /mbr/: HUMERU > [ómero] > [ómro] > *ombro* [ómbro] > *hombro*
N'R > /ndr/: INGENERĀRE > *engendrar*
M'N > /mbr/: FĒMINA > *hembra*
M'L > /mbl/:TREMULĀRE > *temblar*

Zu einer Epenthese kommt es auch bei Konsonantenverbindungen, die im Zuge einer Dissimilation entstanden sind (s.o. NOMINE > *nombre*):

HOMINE > *omne* > **omre* > *ombre*

3. Konsonanten am Wortende:
Im Zuge der Entwicklung vom Lateinischen zum Spanischen hat sich die Zahl der Konsonanten, die am Wortende auftreten können, im spätantiken Latein sowie im Frühromanischen auf vier reduziert: /l, s, n, r/, wobei /r/ jedoch im Rahmen einer Metathese von der Finalposition ins Wortinnere wechselte: lat. *semper* > *siempre*. Die Gruppe der Endkonsonanten hat sich im Altspanischen jedoch wieder vergrößert, nachdem sich die Apokope des finalen *e* nach *n*, *l*, *r*, *s*, *d*, *z* [dz] durchgesetzt hatte: *pan*, *sal*, *comer*, *mies*, *verdad*, *paz* (s.o.).
4. Assibilierung und Palatalisierung:
Im spätantiken Latein und im frühen Altspanisch (Frühromanisch) kam es zu einer ganzen Reihe von Assibilierungen[19] und Palatalisierungen[20], die größtenteils durch die Präsenz eines Jot [j] oder eines palatalen Vokals (/e/ oder /i/) ausgelöst wurden (vgl. zum Folgenden Penny 2002, 61ff.; Torrens Álvarez 2007, 65–70).
1. /ts/: Bei diesem stimmlosen dentalen Sibilanten handelt es sich um eine Affrikate, d.h. um eine Kombination aus einem Verschlusslaut (Okklusivlaut) und einem Reibelaut (Frikativlaut). Dieser Laut weist eine erstaunlich große Zahl lateinischer Quellen auf:[21]

---

[19] Assibilierung (von lat. *sibilāre* 'zischen'): Wandel eines Lautes in einen Sibilanten (Zischlaut).

[20] Palatalisierung: Änderung eines Lautes durch Hebung des Zungenrückens in Richtung des Palatums, des harten Gaumens, der hinter dem Zahndamm (den Alveolen) beginnt.

[21] Die im Folgenden verwendeten Abkürzungen (K) und (V) zeigen an, dass ein Konsonant bzw. ein Vokal als Ausgangspunkt für den beschriebenen Lautwandel notwendig ist, wobei dieser jedoch keinen direkten Einfluss auf das Ergebnis hat.

a) (K) /t/ + [j]:	MARTIU > [martjo] > *março* [martso]	(*marzo*)
b) (K) /k/ + [j]:	CALCEA > [kalkja] > *calça* [kaltsa]	(*calza*)
c) /tt/ + [j]:	MATTIANA > [mattjana] > *ma(n)çana* [ma(n)tsana]	(*manzana*)
d) /kk/ + [j]:	BRACCHIU > [brakkjo] > *braço* [bratso]	(*brazo*)
e) /pt/ + [j]:	*CAPTIĀRE > [kaptjare] > *caçar* [katsar]	(*cazar*)
f) /kt/ + [j]: :	*DIRĒCTIĀRE > [direktjare] > *adereçar* [aderetsar]	(*aderezar*)
g) /k-/ + *e, i*:	CISTA > [kesta] > *cesta* [tsesta]	(*cesta*)
h) /sk/ + *e, i*:	PISCĒS > [peskes] > [pettses] > *peçes* [petses]	(*pez*)
i) /kk/ + *e, i*:	FLACCIDU > [flakkedo] > *[ʎattsio] > [ʎatsjo] > *lacio* [latsjo]	(*lacio*)

Für /ts/ gab es im Altspanischen die Schreibungen *c*, *ç* sowie mitunter auch -*sc*-, am Wortende *z*. Der stimmlose affrikative Sibilant /ts/ stand im Altspanischen in Opposition zu dem stimmhaften affrikativen Sibilanten /dz/.

2. /dz/ (stimmhafter affrikativer dentaler Sibilant):

a) (V) /t/ + [j]:	PUTEU > [potjo] > [potso] > *pozo* [podzo]	(*pozo*)
b) (V) /k/ + [j]:	ĒRĪCIU > [erikjo] > [eritso] > *erizo* [eridzo]	(*erizo*)
c) (V) /k/ + *e, i*:	VĪCĪNU > [bikino] > [betsino] > *vezino* [bedzino]	(*vecino*)

In der Schreibung verwendete man für /dz/ das Graphem *z*.

3. /ʃ/ (stimmloser präpalataler Sibilant) < lat. -*x*- (Aussprache: [ks]). Lat. -*x*- begegnet beispielsweise in dem Wort *mataxa* (‘rohe Seide; Seil’), wobei zu beachten ist, dass [k] in implosiver Position, also am Silbenende erscheint, während [s] den Anlaut der Folgesilbe bildet: [ma.tak.sa]. Im Altspanischen hat dieses [k] eine Vokalisierung zu [i̯] erfahren, was eine Palatalisierung des nachfolgenden [s] zu [ʃ] bewirkte. Obwohl nun ein ganz anderer Laut entstanden war, wurde dieser noch jahrhundertelang mit dem ursprüngliche Graphem *x* geschrieben. Im Mittelspanischen wurde [ʃ] mit seinem stimmhaften Pendant [ʒ] verschmolzen und hat sich im Zuge einer Velarisierung zu dem Phonem /χ/ des modernen Spanisch entwickelt, das durch *g* oder *j* repräsentiert wird:

/ks/ (V):	MAXILLA > [maksiʎa] > [mei̯siʎa] > *mexilla* [meʃiʎa]	(*mejilla*)
	MATAXA > [mataksa] > [matai̯sa] > *madexa* [madeʃa]	(*madeja*)

4. /ʒ/ (stimmhafter präpalataler Sibilant), entstanden aus lat. *lj* sowie intervokalischem -*c'l*-, -*g'l*-, -*t'l*-. In der Graphie des Altspanischen wird dieser Laut durch *i*, *j* oder *g* wiedergegeben:

a) /l/ + [j]: FĪLIU > [filjo] > *fijo* [fiʒo] (*hijo*)
b) (V) /kl/: OC(U)LU > [ɔklo] > [oi̯lo] > [oʎo] > *ojo* [oʒo] (*ojo*)
c) (V) /gl/: TEG(U)LA > [tɛgla] > [tei̯la] > [teʎa] > *teja* [teʒa] (*teja*)
d) (V) /tl/:[22] VET(U)LU > [βetlo] > [βeklo] > *viejo* [βieʒo] (*viejo*)

5. /ɲ/: Dieser palatale Nasal ist aus den intervokalischen Lautgruppen *-nj-*, *-nn-*, *-mn-*, *-gn-* und *-ng-* des Lateinischen entstanden:

a) /n/ + [j]: VĪNEA > [βinja] > *viña* [βiɲa] (*viña*)
b) /nn/: ANNU > [anno] > *año* [aɲo] (*año*)
c) /mn/: DAMNU > [damno] > *daño* [daɲo] (*daño*)
d) /gn/: PUGNU > [pugno] > [pui̯no] > *puño* [puɲo] (*puño*)
e) /ng/: LONGE > asp. *lueñe* [lweɲe] ('weit; entfernt')

In der Schreibung wird/ɲ/ durch *nn* oder *ñ* dargestellt, wobei die Tilde als Abkürzung für das zweite *n* steht.

6. /ʝ/ (stimmhafter palataler Frikativ): Dieser Konsonant, der in der altspanischen Graphie durch *y* repräsentiert wird, ist das Resultat unterschiedlicher Palatalisierungsprozesse in verschiedenen Positionen und lautlichen Kontexten.

a) initiales /i/: IACET > [jaket] > *yaze* [ʝatse] (*yace*)
b) intervokalisches /i/: MĀIU > [maio] > *mayo* [maʝo] (*mayo*)
c) initiales *ge*, *gi*: GYPSU > [gepso] > *yesso* [ʝeso] (*yeso*)
d) /g/ + [j]: FĀGEA > [fagja] > *faya* [faʝa] (*haya*)
e) /d/ + [j]: RADIĀRE > [radjare] > *rayar* [raʝar] (*rayar*)
f) initiales /ɛ/: EQUA > [ɛkwa] > [jegwa] > *yegua* [ʝegwa] (*yegua*)

7. /tʃ/ (stimmlose präpalatale Affrikate) < lat. *-ct-*, *-ult-*, Konsonant + *pl*, *cl*, *fl*:

a) /kt/: FACTU > [fakto] > [fai̯to] > *fecho* [fetʃo] (*hecho*)
b) /ult/: MULTU > [multo] > [mui̯to] > *mucho* [mutʃo] (*mucho*)
c) Kons. + *pl*: AMPLU > [amplo] > [ampʎo] > *ancho* [antʃo] (*ancho*)
d) Kons. + *cl*: MANC(U)LA > [mankla] > *mancha* [mantʃa] (*mancha*)
e) Kons. + *fl*: INFLĀRE > [inflare] > *hinchar* [intʃar] (*hinchar*)

In einigen Fällen kam es lediglich zu einer Reduzierung der Konsonantengruppe *-ct-*:

FRĪCTU > *frito*
FRUCTŪ > *fruto* (im Altspanischen daneben auch *frucho*)

---

[22] Da die Konsonantenverbindung *t'l* im Lateinischen so ungewöhnlich war, wurde sie mitunter in *k'l* umgewandelt, das dann die übliche Palatalisierung zu /ʒ/ mitmachte (vgl. Lathrop 2010, 126).

In der Schreibung erscheint /tʃ/ als *ch*, daneben existieren jedoch noch weitere Grapheme, wie etwa *i*, *gi* oder *ggi*.

8. /ʎ/ (palataler Lateral) < lat. *-ll-*, *pl-*, *cl-*, *fl-*:

a) /-ll-/:	CABALLU > [kaballo] > *cavallo* [kaβaʎo]	(*caballo*)
b) /pl-/:	PLŌRĀRE > [plorare] > *llorar* [ʎorar]	(*llorar*)
c) /kl-/:	CLĀMĀRE > [klamare] > *llamar* [ʎamar]	(*llamar*)
d) /fl-/:	FLAMMA > [flamma] > *llama* [ʎama]	(*llama*)

In der Graphie steht für /ʎ/ im Altspanischen in der Regel *ll*. Während /-ll-/ sich grundsätzlich zu /ʎ/ entwickelt, trifft man bei /pl-/ und /kl-/ mitunter auch auf deren Konservierung, wobei es sich um einen Kultismus handeln könnte: *pluvioso*, *plano*, *pleno*, *clamar*, *clave*. Es gibt jedoch auch zahlreiche Ausnahmen, bei denen diese Erklärung nicht in Betracht kommt, da es sich um Erbwörter handelt:

CLAVĪCULA > *clavija* (dialektal aber auch *llavija* und *lavija*)
CLAVU > *clavo*
CLARU > *claro*
PLATEA > *plaza*
PLANTA > *planta*

Was /fl-/ anbelangt, so gibt es im Spanischen insgesamt nur sechs Wörter, deren lateinische Ausgangsbasis diese Konsonantenverbindung in Initialposition aufweist, und nur in zwei Fällen kam es im Altspanischen zu der Entwicklung zu /ʎ/:

FLACCU > *flaco*
FLOCCU > *flueco* > *fleco*
FLUXU > *floxo* > *flojo*
FLŌRE > *flor*
FLAMMA > *llama*
FLACCIDU > *llacio* > *lacio*

5. Einige Sonderentwicklungen:

Gerade im Bereich der Lautung zeigen viele Entwicklungsprozesse Ausnahmen bzw. Unregelmäßigkeiten. Diese Abweichungen lassen sich meistens erklären, es gibt jedoch auch solche, die bis dato in der Forschung noch keine allgemein akzeptierte Begründung gefunden haben. Im Folgenden wollen wir uns eine Auswahl dieser Ausnahmefälle ansehen (vgl. hierzu Pharies 2007, 95–98).

a) Abweichungen bezüglich der Diphthongierung:

Das kurze haupttonige /o/ in lat. NOCTE hätte im Altspanischen eigentlich eine Diphthongierung erfahren und sich anstatt zu *noche* zu *nueche* entwickeln müssen (s.o.). Die Diphthongierung bleibt hier aus, weil sie durch das Jot, das im Rahmen der Palatalisierung von /kt/ entsteht (s.o.), verhindert wird (vgl. Torrens Álvarez 2007, 46): NOCTE > [noi̯te] > *noche* [notʃe]. Anders verhält es sich jedoch bei der Entwicklung VET(U)LU > [βetlo] > [βeklo] > *viejo* [βieʒo]. Hier hätte die Entwicklung eigentlich über [βei̯lo] und [βeʎo] zu **vejo* verlaufen müssen. Die mit der Palatalisierung einhergehende Bildung eines Jot hat in diesem Falle die Diphthongierung also nicht unterdrückt (vgl. Lathrop 2010, 126). In der Literatur wird als Erklärung überwiegend angeführt, dass die Form *viejo* eine Entlehnung aus dem Aragonesischen sei (wo derartige Diphthonge vorkommen), doch Lathrop (ib.) betont zu Recht, dass es eher unwahrscheinlich ist, dass solch ein gängiges Wort der Alltagssprache aus einer fremden Sprache bzw. Varietät übernommen wurde.

b) Die Semikultismen:

In der Lexikologie wird unterschieden zwischen Erbwörtern, d.h. Wörtern, die sämtliche Etappen der Lautentwicklung vom Latein zum Altspanischen (und zum modernen Spanisch) durchlaufen haben (wie z.B. *caballo*, *llamar*, *plaza*), und den sogenannten Kultismen, gelehrten Wörtern (Buchwörtern), die vor allem aus dem Lateinischen und Griechischen (i.d.R. über das Lateinische vermittelt) ins Spanische übernommen wurden (wie etwa *recitar* < RECITĀRE, *secular* < SECULĀRIS, *monasterio* < lat. MONASTERIUM < gr. μοναστήριον). Daneben gibt es jedoch noch eine dritte Kategorie: die sogenannten Semikultismen (halbgelehrte Wörter), die teilweise der spanischen Lautentwicklung entsprechen, gleichzeitig aber auch Abweichungen zeigen, die auf einen engen Kontakt zum Lateinischen (vor allem im religiösen Bereich) zurückzuführen sind. So hätte beispielsweise aus lat. SAECULU(M) [sájkulum] im Altspanischen im Zuge der üblichen, erbwörtlichen Lautwandelprozesse die Form *sejo* entstehen müssen: Das finale *-m* ist schon im Lateinischen recht früh ausgefallen, das finale *-u* wird zu *-o*, das nachtonige *u* fällt aus, intervokalisches *-c'l-* wird zu [ʒ], und [aj] entwickelt sich unter dem Hauptton zu [ɛ]. Aus SAECULU(M) wurde jedoch *siglo*, und zwar deshalb, weil die erbwörtliche Entwicklung durch die starke Präsenz der lateinischen Form *saeculu(m)* im religiösen Kontext sozusagen „gebremst“ wurde, so dass eine teils erbwörtliche teils am Lateinischen angelehnte Form wie *siglo* entstand (als Kultismus wäre die Form *século* entstanden).

c) Unvollständige Entwicklungen:

Es gibt im Spanischen eine ganze Reihe von Wörtern, in denen das kurze /u/ unter dem Hauptton keinen Wandel zu /o/ zeigt, wie es der Lautentwicklung entsprechend zu erwarten wäre (s.o. 2.7.4.1), sondern als /u/ erhalten bleibt: MUNDU > *mundo*, SUMMA > *suma*, FURTU > *hurto*, SULCU > *surco* (‘Furche; Rille’), IUGU > *yugo* (‘Joch’). Bei vielen dieser Wörter lässt sich keine Beeinflussung durch Buchwörter oder den religiösen Wortschatz annehmen, es handelt sich vielmehr um eine unvollständige Lautentwicklung, die sich bis zu ihrem Ende nicht im gesamten spanischen Wortgut ausbreiten und wirken konnte (vgl. Pharies 2007, 96). Das gleiche gilt beispielsweise auch für die Entwicklung des initialen lateinischen *fl-*, das i.d.R. zu /ʎ/ wird (teilweise mit Weiterentwicklung zu /l/; s.o.), in einigen Fällen jedoch unverändert bleibt: FLŌRE > *flor*. Ein weiteres Beispiel: Das betonte offene /ɔ/ des Vulgärlateinischen wird bei nachfolgendem Nasal häufig diphthongiert (FONTE > *fuente*, SOMNU > *sueño*, PONTE > *puente*), in manchen Fällen unterbleibt jedoch die Diphthongierung (MONTE > *monte*, HOMINE > *hombre*) und bei einigen Wörtern begegnen diphthongierte und nicht diphthongierte Formen nebeneinander: COMITE > asp. *cuende*, *conde*; QUŌMODŌ > asp. *cuemo*, *como* (ib., 96f.; Lathrop 2010, 87).

d) Analogiebildungen:

Zahlreiche Abweichungen von der üblichen Lautentwicklung des Spanischen sind als Analogiebildungen zu erklären, d.h. dass die betreffenden Wörter an Formen angepasst werden, die im Spanischen als „normaler“ gelten und weiter verbreitet sind. Solche Analogiebildungen sind vor allem in den verbalen und nominalen Formenparadigmen anzutreffen. Ausgehend vom Paradigma der Imperfektendungen der lateinischen *ā*-Konjugation (*-ābam*, *-ābās*, *-ābat*, *-ābāmus*, *-ābātis*, *-ābant*) wäre im Spanischen die folgende Reihe zu erwarten: *-aba*, *-abas*, *-aba*, *-abamos*, *-abades*, *-aban*. Die Tatsache, dass wir im Spanischen bei der ersten und zweiten Person Plural jedoch *-ábamos* und *-ábais* haben, verdankt sich einer Regularisierung dieses Verbalparadigmas: Bei allen anderen Personalformen liegt der Akzent auf der Silbe vor dem Imperfektmarker

[ba], und so wurden die beiden „Ausreißer"-Formen in ihrer Akzentuierung zwecks Vereinheitlichung und Vereinfachung an diese Serie angepasst (vgl. Pharies 2007, 98). In anderen Fällen genügt ein Wort als Modell: Der Diphthong in *siniestro* (< SINISTRU) lässt sich lautgeschichtlich nicht motivieren, sondern ist als analogische Bildung zu dem mit *siniestro* eng verknüpften *diestro* (< DEXTRU) zu erklären.

2.7.5 Grammatik

Das klassische Latein ist – ebenso wie etwa auch das Altgriechische – eine vornehmlich synthetische Sprache, was bedeutet, dass grammatische Funktionen (wie z.B. Kasus und grammatische Person) vorzugsweise mittels Flexionssuffixen (Deklinations- und Konjugationsendungen) auf der Ebene des Einzelwortes angezeigt werden. Synthetische Strukturen sind zwar auch im Vulgärlatein und in den romanischen Sprachen vorhanden, doch nehmen hier – in deutlichem Unterschied zum klassischen Latein – analytische Konstruktionen, die grammatische Funktionen auf der Ebene der Wortgruppe explizieren, einen sehr breiten Raum ein. Bei der Entwicklung vom klassischen Latein über das spätantike Vulgärlatein zu den romanischen Sprachen haben wir es also mit einem fortschreitenden Abbau von Synthetizität zugunsten von Analytizität zu tun. Zur Veranschaulichung ein einfaches Beispiel: Im klassischen Latein wird der Genitiv durch eine Deklinationsendung am Substantiv ausgedrückt: *amīcī* ('des Freundes'), während er im Vulgärlateinischen sowie im Spanischen und den anderen romanischen Sprachen (abgesehen von punktuellen Ausnahmen im Rumänischen) durch die analytische Konstruktion Präposition *de* + bestimmter Artikel + Substantiv angezeigt wird: vlt. *de illo amico*, sp. *del amigo*. Zwar bestand auch schon im klassischen Latein die Möglichkeit, Funktionen wie den Kasus mittels Präpositionen zu explizieren, doch in den allermeisten Fällen erfolgen derartige Markierungen synthetisch, während sich im Vulgärlatein und in den romanischen Sprachen die analytischen Konstruktionen mit Präposition sowie die Wortstellung zu den einzigen Verfahren für den Ausdruck der grammatischen Kategorie Kasus entwickeln.

Bevor wir uns die wichtigsten Entwicklungen vom klassischen Latein bis zum Altspanischen in der Morphologie und in der Syntax anschauen, soll zunächst noch die Frage beantwortet werden, warum es überhaupt zu Veränderungen im Bereich der Grammatik kommt.

Viele Modifikationen in der Grammatik stehen in einem engen Zusammenhang mit Lautentwicklungen. Wenn beispielsweise durch den Zusammenfall zweier Laute zwei unterschiedliche grammatische Funktionen nicht mehr zu unterscheiden sind, dann tendieren die Sprecher dazu, diese „Schwachstelle" mit anderen Mitteln, die ihnen das Sprachsystem zur Verfügung stellt, zu „reparieren". Ein Beispiel hierfür ist die Herausbildung des Futurs in den romanischen Sprachen: Im spätantiken Latein sind *b* und *v* in intervokalischer Position zusammengefallen und wurden als stimmhafter bilabialer Frikativ [β] realisiert (s.o. 2.7.4.2). Dies hatte zur Folge, dass nun das lateinische Perfekt (*cantavit* 'er, sie sang') und das lateinische Futur (*cantabit* 'er, sie wird singen') in der gesprochenen Sprache nicht mehr unterschieden werden konnten. Zur Lösung dieses Problems wurde vermehrt auf die ursprünglich modale Periphrase *cantāre habeō* ('ich habe zu singen') zurückgegriffen, die sich schließlich zum romanischen Futur entwickelte: *cantare habeo* > *cantar aio* > asp. *cantar e* > sp. *cantaré*.

Ebenso wie im Bereich der Lautung können auch in der Grammatik viele Wandelprozesse durch das Streben der Sprecher nach Vereinfachung erklärt werden. So gehen beispielsweise im Vulgärlatein die Nomina der eher seltenen *u*-Deklination (z.B. *fructus, fructūs*) in die sehr viel häufigere *o*-Deklination (z.B. *murus, murī*) über: *fructus, fructi* (vgl. Bollée 2002, 12).

Eine weitere zentrale Ursache für grammatischen sowie generell für Sprachwandel ist der externe Faktor des Sprachkontakts. Das klassische Latein besaß bekanntlich keinen Artikel, im spätantiken Vulgärlatein bildet sich jedoch aus den klassisch-lateinischen Demonstrativpronomen *ille, illa, illud* ein bestimmter Artikel heraus, was u.a. auch auf einen Einfluss seitens des Griechischen zurückgeführt wird, da das Griechische die einzige Kontaktsprache des Vulgärlateins war, die über ein Artikelsystem verfügte, und darüber hinaus bei den Römern ein sehr hohes Ansehen genoss. Möglicherweise erfolgte der entscheidende Anstoß im Rahmen der Bibelübersetzungen, denn in den lateinischen Bibelübersetzungen aus dem Griechischen tritt *ille* in Artikelfunktion besonders häufig als Übersetzung des griechischen Artikels auf (vgl. Kabatek & Pusch 2009, 246f.; Bollée 2002, 17).

Natürlich gibt es noch eine ganze Reihe weiterer Ursachen, die für Veränderungen im grammatischen System einer Sprache verantwortlich sind, wir haben uns hier auf eine Auswahl wichtiger Faktoren beschränkt. Ebenso gibt es eine ganze Palette allgemeiner (übereinzelsprachlicher) Prinzipien, nach denen sich grammatischer Wandel vollzieht. Hier sei lediglich das prominente und in der Forschung intensiv behandelte Phänomen der Grammatikalisierung erwähnt. Von Grammatikalisierung spricht man, wenn ein lexikalisches Element sich zu einem grammatischen Element entwickelt, wie etwa im Falle von *habēre*, das sich von einem Vollverb mit der lexikalischen Bedeutung 'haben' zu einem Futurmorphem im Spanischen entwickelt hat: *cantaré*, *cantarás*, *cantará* usw. (s.o.). Unter dem Rubrum Grammatikalisierung fasst man daneben aber auch Entwicklungen, bei denen ein grammatisches Element „noch grammatischer" wird, was z.B. beim Wandel des lateinischen Demonstrativpronomens *ille* zum bestimmten Artikel im Spanischen der Fall ist, da letzterer sehr viel häufiger auftritt und zudem meistens auch obligatorisch ist (vgl. Kabatek & Pusch 2009, 247).

Kommen wir nun zu den Veränderungen, die sich im Rahmen der Herausbildung des Altspanischen aus dem Lateinischen im Bereich der Grammatik ergeben haben (die folgende Darstellung orientiert sich vor allem an Sánchez Miret (2012), Lathrop (2010) und Torrens Álvarez (2007)).

1. Nominalbereich:

a) Substantiv:

Der Ausdruck der Kasus:

Im klassischen Latein wurde beim Substantiv zwischen fünf unterschiedlichen Kasus unterschieden (den Sonderfall des Vokativs lassen wir hier außer Acht). Betrachten wir hierzu das Paradigma im Singular der beiden häufigsten Deklinationen am Beispiel von *puella* 'Mädchen' und *servus* 'Sklave':

Klassisches Latein:

	erste Deklination: (*a*-Deklination)	zweite Deklination: (*o*-Deklination)
Nominativ:	*puella*	*servus*
Genitiv:	*puellae*	*servī*
Dativ:	*puellae*	*servō*
Akkusativ:	*puellam*	*servum*
Ablativ:	*puellā*	*servō*

Durch einige für das Vulgärlatein charakteristische Lautentwicklungen (Schwund von *-m*, Aufgabe der Unterscheidung von langen und kurzen Vokalen, unbetontes *ae* wandelt sich zu *e*, kurzes *u* wird zu *o*) ergab sich ein klanglicher Zusammenfall verschiedener Kasus, so dass in der ersten Deklination nur noch zwei distinkte Formen und in der zweiten Deklination nur noch drei unterschiedliche Endungen übrigblieben:

Vulgärlatein:

	erste Deklination: (*a*-Deklination)	zweite Deklination: (*o*-Deklination)
Nominativ:	*puella*	*servos*
Genitiv:	(*puelle*)	(*servi*)
Dativ:	(*puelle*)	(*servo*)
Akkusativ:	*puella*	*servo*
Ablativ:	(*puella*)	(*servo*)

Der Ausdruck der verschiedenen Kasus, der im Vulgärlatein nun nicht mehr mittels Deklinationsendungen möglich war, erfolgte durch analytische Strukturen unter Rückgriff auf Präpositionen. So ersetzte etwa *de* + Akkusativform den Genitiv des klassischen Latein, *ad* + Akkusativform den Dativ: *de illa puella* (anstatt *puellae*), *ad illo servo* (für *servō*).[23] In der Forschung wird überwiegend die Auffassung vertreten, dass nicht der lautliche Zusammenfall zur vulgärlateinischen Analytizität geführt hat, sondern dass diese Tendenz sich auch ohne die genannten phonetischen Veränderungen durchgesetzt hätte (vgl. Lathrop 2010, 39). Für diese These spricht u.a. auch die Tatsache, dass bereits das klassische Latein einige analytische Konstruktionen kannte.

23 *Illa* und *illo* sind hier Artikelformen; das Vulgärlatein hat aus dem klt. Demonstrativum *ille, illa, illud* einen Artikel gebildet, eine Wortart, die das klassische Latein nicht kannte (s.u.).

Im Zuge dieser tiefgreifenden Umgestaltungen hat das Vulgärlatein von den klassisch-lateinischen Kasus nur die beiden am häufigsten auftretenden bewahrt: den Nominativ und den Akkusativ:

	erste Deklination (*porta* 'Tür')	
	Singular:	Plural:
Nominativ:	*porta*	*porte* (*portas*)
Akkusativ:	*porta*	*portas*

Da der Akkusativ im Vulgärlatein im Zusammenspiel mit bestimmten Präpositionen die Funktion aller obliquen Kasus, also aller Kasus außer dem Nominativ, übernommen hat, gelang es ihm schließlich auch, den Nominativ zu verdrängen, und so setzte sich im Plural die ursprüngliche Akkusativform *portas* immer mehr gegenüber *porte* in der Funktion des Nominativs durch. Die Verdrängung des Nominativs durch den Akkusativ ist in zahlreichen Inschriften, wie etwa in der folgenden Grabinschrift, belegt:

Hic quescunt duas matres, duas filias (CIL III 3551)
('Hier ruhen zwei Mütter und zwei Töchter')

Im klassischen Latein würde der Text wie folgt lauten: *Hic quiēscunt duae matres, duae filiae*.

In der zweiten Deklination wurde die Übernahme der Nominativfunktion durch den Akkusativ zusätzlich durch die formale Identität von Nominativ Singular und Akkusativ Plural befördert:

	zweite Deklination (*amicus* 'Freund')	
	Singular:	Plural:
Nominativ:	*amícos*	*amíci*
Akkusativ:	*amíco*	*amícos*

Da der Akkusativ sich im Vulgärlatein zum Universalkasus entwickelte und den Nominativ ersetzte (s.u.), gehen die Wörter der romanischen Sprachen (von wenigen Ausnahmefällen abgesehen)[24] auf die lateinischen Akkusativformen zurück:

[24] Wie z.B. sp. *dios*, das auf der lateinischen Nominativform DEUS beruht (siehe hierzu auch unten).

klassisches Latein:[25]	Vulgärlatein:	Spanisch:
site(m)	*sete*	*sed*
bucca(m)	*bocca*	*boca*

Neben den genannten lautlichen Entwicklungen und analytischen Tendenzen lässt sich ein weiteres Movens für die Aufgabe des klassisch-lateinischen Kasussystems im Vulgärlatein ausmachen: die mangelnde Eindeutigkeit der Deklinationsendungen:

a) Im klassischen Latein hat ein und derselbe Kasus je nach Deklination unterschiedliche Formen; so findet man beispielsweise für den Genitiv Singular die folgenden Formen: *puellae* (1. Deklination), *servī* (2. Deklination), *hominis* (3. Deklination), *fructūs* (4. Deklination).

b) Ein und dieselbe Form kann verschiedene Kasus markieren: *puellae* ist Genitiv und Dativ Singular sowie Nominativ Plural.

Wie schon gesagt wurde, gehen die Substantive des Spanischen auf vulgärlateinische Akkusativformen zurück (s.o.). Doch es gibt eine Reihe von Ausnahmen, die Überreste anderer Kasus des klassischen Lateins darstellen (vgl. zum Folgenden Lathrop 2010, 140f.):

Der **Nominativ** hat in einigen Eigennamen überlebt:

Car(o)lus > *Carlos*
Deus > *Dios*
Marcus > *Marcos*

Reste des **Genitivs** finden sich vor allem in den Bezeichnungen für die Wochentage:

(dies) martis 'Tag des (Gottes) Mars' > *martes*
(dies) jovis 'Tag des (Gottes) Jupiter' > *jueves*
(dies) veneris 'Tag der (Göttin) Venus' > *viernes*

In Analogie hierzu entwickelten sich:

dies lunae 'Tag der (Mondgöttin) Luna' > *lunes*
dies mercurii 'Tag des (Gottes) Merkur' > *miercoles*

---

25 Die Akkusativformen des klassischen Lateins zeichnen sich dadurch aus, dass sie auf *-m* enden. Da das finale *-m* jedoch schon in vorklassischer Zeit zum Schwund tendierte (vgl. Kiesler 2006, 47; Palmer 2000, 182), werden diese Formen in der Forschungsliteratur teils mit *m* (mit oder ohne Klammer) teils ohne *m* notiert. Das Auslaut-*m* des Lateinischen hat sich in den romanischen Sprachen in der Regel nicht erhalten, lediglich in einigen wenigen einsilbigen Wörtern blieb es als *n* bewahrt (z.B. sp. *quien* < lat. QUEM).

Reste des **Ablativs** begegnen in:

asp. *agora* (< klt. HĀC HORĀ)[26]
sp. *hogaño* (< klt. HŌC ANNŌ)
sp. *luego* (< klt. LOCŌ)
sp. *como* (< klt. QUŌMODŌ)

Die Genera:
Ebenso wie das Deutsche und viele andere Sprachen kannte das klassische Latein drei grammatische Geschlechter: Maskulinum (*caballus*), Femininum (*cīvitās*) und Neutrum (*tempus*). Das Spanische hat davon nur zwei bewahrt: *caballo* (m.), *ciudad* (f.), *tiempo* (m.).

Die neutralen Substantive der zweiten Deklination (*vinum*, *templum*, *caelum* etc.) wiesen eine große Ähnlichkeit mit den Maskulina derselben Deklination auf:

Klassisches Latein:

	zweite Deklination (im Singular):	
	Maskulina:	Neutra:
Nominativ:	*servus*	*vinum*
Genitiv:	*servī*	*vinī*
Dativ:	*servō*	*vinō*
Akkusativ:	*servum*	*vinum*
Ablativ:	*servō*	*vinō*

Wegen dieser weitgehenden formalen Identität mit den Maskulina sind die meisten Neutra im Spanischen sowie in den anderen romanischen Sprachen zu Maskulina geworden: VINUM > sp. *vino*.

Die Substantive der dritten Deklination besaßen im klassischen Latein einen auf einen Konsonanten ausgehenden Stamm, wobei keine verlässliche Zuordnung zu den jeweiligen Genera möglich war:

Maskulina: *flōs*, *calor*, *cōnsul*
Feminina: *frōns*, *cīvitās*, *arbor*
Neutrum: *tempus*, *mel*, *lac*

Die Substantive der dritten Deklination sind im Romanischen entweder ins Maskulinum oder ins Femininum übergegangen:

[26] Die entsprechende Form des modernen Spanisch, *ahora*, beruht auf dem akkusativischen Ausdruck *ad horam* (vgl. Lathrop 2010, 141).

Neutrum → Femininum: *lac* → *leche*, *mel* → *miel*
Neutrum → Maskulinum: *tempus* → *tiempo*, *nomen* → *nombre*
Maskulinum → Femininum: *flōs* → *flor*, *sanguis* → *sangre*
Femininum → Maskulinum: *arbor* → *árbol*

Einige Neutra Plural, die im klassischen Latein eine kollektive Bedeutung hatten, wurden im Vulgärlatein als Feminina Singular interpretiert: *folia* 'Laub' → sp. *hoja* 'Blatt'. Mancher dieser neuen Singulare hat seine kollektive Bedeutung bewahrt: LIGNA 'Holz' > sp. *leña*.

b) Artikel:

Das klassische Latein kannte im Unterschied zum Griechischen keinen Artikel. Das Vulgärlatein hingegen, das sich durch eine Tendenz zu Analytizität und Expressivität auszeichnet, hat aus dem Demonstrativpronomen *ille*, *illa*, *illud* 'jener, jene, jenes' einen bestimmten Artikel herausgebildet, was vermutlich durch den Einfluss des Griechischen befördert oder sogar ausgelöst wurde (s.o.):

Klassisches Latein:	Vulgärlatein:	Altspanisch:
illum	*elo*	*lo, el, ell*
illōs	*elos*	*elos, los*
illam	*ela*	*ela, la, el*
illās	*elas*	*elas, las*
illud	*elo*	*elo, lo*

Vor femininen Substantiven mit /a/ im Anlaut lautete im Altspanischen der bestimmte Artikel nicht *la*, sondern *el*:

illa aqua [ilákwa] > *el agua*
illa aquila [ilákwila] > *el águila*
illa anima [ilánima] > *el alma*

Die Verwendung von *el* in diesen Kontexten ist lautlich begründet: Wenn der feminine Artikel auf ein Substantiv mit /a/ im Anlaut traf, so verschmolzen die beiden /a/ zu einem und daher konnte der erste Vokal des Artikels (der sich der Lautentwicklung entsprechend von /i/ zu /e/ wandelte) nicht ausfallen. Die Form *el* wurde schließlich auch vor Substantiven verwendet, die mit einem anderen Vokal als /a/ anlauten, vor allem, wenn es sich um einen betonten Vokal handelte. Hinsichtlich der Häufigkeit des Gebrauchs von *el* im Altspanischen ergibt sich die folgende Skala (von weniger häufig zu sehr häufig):

a) vor Substantiven, die mit einem unbetonten Vokal beginnen;
b) vor Substantiven, die mit einem betonten Vokal anlauten;
c) vor Substantiven mit unbetontem /a/ im Anlaut;
d) vor Substantiven mit betontem /a/ im Anlaut (nur in diesem Kontext wird auch heute noch im Spanischen die Form *el* verwendet).

Im Altspanischen konnten Präpositionen mit dem definiten Artikel zu einer Form verschmelzen, was in der heutigen Sprache nur noch bei *al* und *del* begegnet: *ena honore* (< *en la*), *enos sieculos* (< *en los*), *cono ajutorio* (< *con lo*), *conna* (< *con la*), *contral* (< *contra el*), *antel* (< *ante el*), *sobrel* (< *sobre el*) usw.

Neben dem bestimmten Artikel hat sich das Vulgärlatein aus dem Zahlwort *ūnum/ūnam* einen unbestimmten Artikel geschaffen:

unu(m) > uno	*una(m) > una*
unos > unos	*unas > unas*

Entsprechend der üblichen Lautentwicklung fällt in *unu/uno* der Endvokal aus, wenn der Artikel in proklitischer Stellung, d.h. vor einem Substantiv, auftritt, da der Vokal dadurch innerhalb der Wortgruppe in die vortonige Position gelangte. Wenn *unu/uno* hingegen alleine steht, d.h. nicht gemeinsam mit einem Substantiv ein Syntagma bildet, dann kommt es nicht zur Elision des Endvokals: *Yo tengo* un *coche ḅueno, pero él tiene* uno *mejor*. Im Altspanischen konnte die Form *una* vor vokalischem Anlaut als *un* erscheinen (*en un hora*), während dies im modernen Spanisch nur vor betontem /a/ möglich ist (*un águila* vs. *una hora*).

c) Adjektiv:

Im Unterschied zum klassischen Latein war im Vulgärlatein der Komparativ nicht synthetisch, sondern analytisch:

klt. *altior* > vlt. *magis altus* (*más alto*)
klt. *severior* > vlt. *magis severus* (*más severo*)

Lediglich vier besonders häufig auftretende synthetische Komparative blieben im Vulgärlatein sowie im Spanischen erhalten: *meliore* (> *mejor*), *peiore* (> *peor*), *maiore* (> *mayor*), *minore* (> *menor*). Auch die analytische Superlativbildung des Vulgärlateins wurde ans (Alt-)Spanische weitergegeben:

il magis fidele > el más fiel
la magis felice > la más feliz

Der Superlativ des klassischen Lateins auf *-issimus* hat im Vulgärlatein nicht überlebt. Das im modernen Spanisch verwendete Suffix *-ísimo* ist ein Kultismus, d.h. eine spätere Entlehnung der Bildungssprache direkt aus dem klassischen Latein.

d) Pronomina:

Im Unterschied zu den Substantiven und Adjektiven bewahrt das Pronominalsystem des Spanischen einige Reste der Kasusdifferenzierungen des Lateinischen (z.B. bei den Objektpersonalpronomen *lo* (Akkusativ) und *le* (Dativ)) und im Singular auch Überbleibsel des lateinischen Neutrums (*ello*, *esto*, *eso*, *aquello*).

d 1) Personalpronomina:

Bei der Herausbildung der Personalpronomina des (Alt-)Spanischen aus dem Lateinischen kam es zu einigen markanten Veränderungen. Betrachten wir zunächst die Subjektpersonalpronomen:

Subjektpersonalpronomina:
EGŌ > *yo*
TŪ > *tú*
IL(LE) > *él*
ILLA > *ella*
ILLUD > *ello*
NŌS > *nos* (+ *otros*) > *nosotros*
VŌS > *vos* (+ *otros*) > *vosotros*
ILLŌS > *ellos*
ILLĀS > *ellas*

Das Lateinische kannte keine Personalpronomina der dritten Person, zum Verweis auf Dritte wurden Demonstrativpronomen benutzt. Aus dem Demonstrativpronomen *ille*, *illa* etc., aus dem auch der bestimmte Artikel des Vulgärlateins entstanden war (s.o.), entwickelten sich die Personalpronomina der dritten Person *él*, *ella*, *ello*, *ellos*, *ellas*. Die Formen *nos otros* und *vos otros* (getrennt geschrieben) wurden im Altspanischen verwendet, um eine bestimmte Gruppe von Personen innerhalb einer größeren zu bezeichnen, und man geht davon aus, dass es bereits im Vulgärlatein neben NOS und VOS die der Emphase dienenden Nebenformen NOS ALTEROS sowie VOS ALTEROS gab (vgl. Torrens Álvarez 2007, 89). *Nosotros* und *vosotros* wurden erst im 16. Jh. zu den kanonischen Formen der ersten und zweiten Person Plural.

Im Lateinischen gab es keine speziellen Pronomina für die respektvolle, höfliche Anrede, man verwendete im Singular unterschiedslos *tu* und im Plural *vos*. Im Spätlatein setzte der Gebrauch von *vos* als singularisches Höflichkeitspronomen ein. Im Altspanischen wurde die Unterscheidung zwischen einer respektvollen und einer intimen Anrede beibehalten: *tú* wurde gegenüber Familienmitgliedern und anderen vertrauten Personen verwendet, *vos* gebrauchte man für den Plural sowie als Höflichkeitsform im Singular. Durch den häufigen Gebrauch von *vos* im Singular nutzte sich dessen „höfliche" Bedeutung schließlich ab, so dass die Sprecher neue Formen der respektvollen Anrede schufen. Die wichtigsten unter den neu kreierten respektvollen Anredeformen waren *vuestra merced* und *vuestras mercedes*, auf denen die Formen *usted* und *ustedes* des modernen Spanisch basieren.

Im klassischen Latein sind die Personalpronomen selbständige Wörter, die im Satz anstelle von Substantiven auftreten können. Im Vulgärlatein kommt es zu einer tiefgreifenden Umstrukturierung des Pronominalsystems, denn es bilden sich zwei unterschiedliche Serien von Pronomen heraus:
a) *betonte* Pronomina, die alleine stehen oder von einer Präposition begleitet werden und zudem bezüglich ihrer Positionierung im Satz recht frei sind;
b) *unbetonte* Pronomina, die stets direkt beim Verb stehen.
Neben den oben aufgeführten Subjektpersonalpronomina zählen auch die folgenden Pronomen, die nach Präpositionen verwendet werden, zu den **betonten** Pronomen:

MIHĪ > *mí*
TIBĪ > *ti*
ILLE > *él*
ILLA > *ella*
ILLUD > *ello*
NŌS > *nos(otros)*
VŌS > *vos(otros)*
ILLŌS > *ellos*
ILLĀS > *ellas*
SIBĪ > *sí*

Abgesehen von der ersten und zweiten Person Singular sowie dem Reflexivpronomen der dritten Person *sí*, die allesamt auf lateinischen Dativformen basieren, entsprechen die Formen denen der Subjektpersonalpronomina (s.o.).

Einen Sonderfall stellen die betonten amalgamierten Formen *conmigo*, *contigo* und *consigo* dar. Im klassischen Latein bildete die enklitische Präposition CUM eine Einheit mit den Personalpronomen im Ablativ: z.B. MĒCUM, TĒCUM, SĒCUM, was insofern eine Anomalie darstellt, als die Präpositionen im klassischen Latein üblicherweise vor ihrem Bezugswort stehen. Nach der Sonorisierung der intervokalischen Okklusive entstanden daraus Formen wie **mego*, **tego* usw., bei denen die Präposition nicht mehr zu erkennen war. Aus diesem Grunde wurde sie am Anfang des Wortes wiederholt, ohne dass die Weiterentwicklung von CUM (*-go*) getilgt worden wäre: **mego* → **conmego*. Hieraus entstanden sp. *conmigo* (asp. *comigo*), *contigo* und *consigo*. Der Lautwandel /e/ > /i/ in diesen Formen ist vermutlich durch Analogie mit den betonten Pronomen *mí*, *ti*, *sí* zu erklären. Im Plural sind die klassisch-lateinischen Ablativformen NŌBĪSCUM und VŌBĪSCUM nach der Auflösung des Kasussystems im Vulgärlatein durch die ursprünglichen Akkusativformen *noscum* und *voscum* ersetzt worden, aus denen im Altspanischen die Formen *connusco* und *convusco* entstanden, die später jedoch durch *con nosotros* und *con vosotros* ersetzt wurden (vgl. Sánchez Miret 2012, 12f.; Torrens Álvarez 2007, 90).

Bei den **unbetonten** Objektpersonalpronomen lässt sich zwischen jenen des direkten Objekts (Akkusativpronomen) und jenen des indirekten Objekts (Dativpronomen) unterscheiden:

direktes Objekt (Akkusativ):	indirektes Objekt (Dativ):
MĒ > *me*	MĒ > *me*
TĒ > *te*	TĒ > *te*
(IL)LU(M) > *lo*	(IL)LĪ > *le*
(IL)LA(M) > *la*	(IL)LĪ > *le*
ILLUD > *lo*	(IL)LĪ > *le*
NŌS > *nos*	NŌS > *nos*
VŌS > (*v*)*os*	VŌS > (*v*)*os*
(IL)LŌS > *los*	(IL)LĪS > *les*
(IL)LĀS > *las*	(IL)LĪS > *les*
SĒ > *se*	SĒ > *se*

Es wird vermutet, dass der Anfangskonsonant der Form *vos* zunächst nur in einem ganz spezifischen Kontext ausgefallen ist, nämlich dann, wenn das Pronomen in enklitischer Position bei Imperativen, wie etwa in asp. *venidvos*, die für das Spanische „exotische“ Lautsequenz *-dv-* mit sich brachte, die von den Sprechern durch Elision des Initialkonsonanten aufgelöst wurde: asp. *venidos*. Nach einer längeren Phase des Nebeneinanders beider Pronominalformen hat sich im 16. Jh. die Variante *os* in sämtlichen Kontexten durchgesetzt (vgl. Lathrop 2010, 153; Torrens Álvarez 2007, 90).

Folgten im klassischen Latein zwei Objektpronomen aufeinander, so ging stets der Dativ dem Akkusativ voran: *illī illum* (wörtlich: 'ihm es'), *illī illam* (wörtlich: 'ihm sie'), *illi illōs*, *illī illās*. Beim Aufeinandertreffen beider Pronomina verlor das erste Pronomen den Anfangsvokal (so wie auch im Falle seines alleinigen Auftretens, s.o.). Da die Sequenz der beiden Pronomen, die eine syntaktische Gruppe darstellt, ohne Pause artikuliert wurde, d.h. zu einem phonetischen Wort „verschmolz", befand sich der Anfangsvokal des zweiten Pronomens nicht mehr in wortinitialer Position und ist daher nicht ausgefallen. Im Vulgärlatein ergaben sich somit die Amalgame *lielo* [ljélo] (< *illi illum*), *lielas* [ljélas] (< *illi illas*) usw. Die Kombination *lj* entwickelte sich dem regelmäßigen Lautwandel folgend zu [ʒ] (wie etwa auch bei FĪLIU > [filjo] > *fijo* [fiʒo]; s.o. 2.7.4.2), so dass im Altspanischen die folgenden Formen entstanden: *gelo* [ʒélo], *gelas* [ʒélas] usw. Die weitere Entwicklung erklärt, warum wir im modernen Spanisch *se lo*, *se las* etc. haben: Im 16. Jh. kam es zu einer Desonorisierung der Sibilanten, wodurch /ʒ zu /ʃ/ wurde (s.o. 2.7.2), das dem kastilischen /ṡ/ phonetisch sehr ähnlich ist. Der Wandel von [ʃélo], [ʃélas] etc. zu [sélo], [sélas] wurde zudem durch das Auftreten des reflexiven *se* in ähnlichen syntaktischen Kontexten begünstigt: *gelo dio* (*a ella*), *se lo dio* (*a sí misma*) (vgl. Lathrop 2010, 154f.).

d 2) Demonstrativpronomina:

Im klassischen Latein gab es eine Vielzahl von Demonstrativpronomina. Für die Herausbildung des Demonstrativpronomina-Systems des Spanischen waren die folgenden am wichtigsten:

> *hic, haec, hoc* ('dieser, diese, dieses'): für Referenten in der Nähe des Sprechers
> *iste, ista, istud* ('jener, jene, jenes da'): für Referenten in der Nähe des Hörers
> *ille, illa, illud* ('jener, jene, jenes'): für Referenten fern von Sprecher und Hörer
> *ipse, ipsa, ipsum* ('er, sie, es selbst')

Im Vulgärlatein wurde die Serie *hic*, *haec*, *hoc* weitgehend aufgegeben und deren Funktion von *iste*, *ista*, *istud* übernommen; die dadurch frei gewordene Funktion von *iste*, *ista*, *istud* übernahm *ipse*, *ipsa*, *ipsum*. Die Demonstrativpronomina des Vulgärlateinischen blieben im (Alt-)Spanischen erhalten, wobei die spanischen Singularformen auf dem lateinischen Nominativ und die Pluralformen auf dem Akkusativ beruhen:

Singular:	Plural:
iste > *este*	*istos* > *estos*
ista > *esta*	*istas* > *estas*
ipse > *ese*	*ipsos* > *esos*
ipsa > *esa*	*ipsas* > *esas*
istud > *esto*	
ipsud > *eso*	

Für Referenten fern von Sprecher und Hörer wurde im Altspanischen *aquel*, *aquella*, *aquellos*, *aquellas* verwendet. Dabei handelt es sich um auf *ille* usw. basierende Formen, die durch ein vorangestelltes Wort verstärkt wurden, dessen Etymologie in der Literatur umstritten ist:

aquel < **eccu ille* (*ecce* = da (ist))
aquel < **accu ille* < *atque/ac ille* oder *atque eccum ille* (*atque/ac* = und auch)

d 3) Possessivpronomina:

Im modernen Spanisch werden zwei unterschiedliche Reihen von Possessivpronomen unterschieden: betonte Possessivpronomen, die ihrem Bezugsnomen nachfolgen (*este amigo mío*), und unbetonte Possessivpronomen, die proklitisch ihrem Bezugswort vorangehen (*mi amigo*). Während sich die beiden Reihen im heutigen Spanisch mit Ausnahme von *nuestro* und *vuestro* formal deutlich voneinander unterscheiden, bestand im Altspanischen eine viel größere formale Nähe zwischen den beiden Paradigmen, die aus entsprechenden Formen des Vulgärlateins hervorgegangen sind. Im klassischen Latein wurden die Possessivpronomina wie Adjektive dekliniert, und es wurde zwischen den drei Genera Maskulinum, Femininum und Neutrum unterschieden; im Vulgärlatein blieben nur die Akkusativformen im Maskulinum (*meu(m)*, *meos* usw.) und Femininum (*mea(m)*, *meas*) übrig. Die **betonten** Possessivpronomen des Altspanischen entwickelten sich wie folgt aus dem Vulgärlatein:

Singular:	Plural:
meu > mieo > mío	*meos > mieos > míos*
mea > mía	*meas > mías*
tuu > to	*tuos > tos*
tua > tua	*tuas > tuas*
suu > so	*suos > sos*
sua > sua	*suas > suas*
nostru > nuestro	*nostros > nuestros*
nostra > nuestra	*nostras > nuestras*
vostru > vuestro	*vostros > vuestros*
vostra > vuestra	*vostras > vuestras*

Im Altspanischen waren die femininen Possessiva dominant, was Auswirkungen auf die maskulinen Formen hatte: Unter dem Einfluss der weiblichen Formen *tua(s)* und *sua(s)* wandelten sich die maskulinen Formen *to(s)* und *so(s)* zu *tuo(s)* und *suo(s)* (vgl. hierzu Lathrop 2010, 149). Die beiden letztgenannten Formen begegnen jedoch kaum in altspanischen Dokumenten, da die betonten Possessivpronomen der zweiten und dritten Person Femininum und Maskulinum in Analogie zum possessiven Relativpronomen *cuyo*, *cuya* zu den Formen *tuyo(s)*, *tuya(s)*, *suyo(s)* und *suya(s)* umgebildet wurden (ib.).

Bereits im Vulgärlatein zeigten einige **unbetonte** Possessivpronomen infolge ihrer proklitischen Positionierung eine Kurzform. Es ergaben sich die folgenden Entwicklungen zum Altspanischen (ib.):

Singular:	Plural:
meu > mío	*meos > míos*
mea > míe, mi	*meas > míes, mis*
tu > to	*tus > tos*
tua > túe, tu	*tuas > túes, tus*
su > so	*sus > sos*
sua > súe, su	*suas > súes, sus*
nostru > nuestro	*nostros > nuestros*
nostra > nuestra	*nostras > nuestras*
vostru > vuestro	*vostros > vuestros*
vostra > vuestra	*vostras > vuestras*

Im 13. Jh. tritt zum ersten Mal die Voranstellung des bestimmten Artikels vor das Possessivum auf: *el mío fijo*. Anfangs wurde durch diese Konstruktion das Besitzverhältnis emphatisch betont; durch Verschleiß aufgrund häufigen Gebrauchs ging dieser expressive Wert jedoch wieder verloren und nach einigen Jahrzehnten der Koexistenz dieser Struktur mit der artikellosen Ausdrucksweise

hat sich letztere schließlich durchgesetzt (vgl. Torrens Álvarez 2007, 95). Ebenso wie bei den betonten Possessivpronomen haben sich auch bei den unbetonten die maskulinen an die femininen Formen angepasst, und so stehen *mi(s)*, *tu(s)* und *su(s)* im modernen Spanisch genusindifferent sowohl für das Femininum als auch für das Maskulinum (vgl. Lathrop 2010, 149; Torrens Álvarez 2007, 94).

d 4) Indefinitpronomina:

Indefinitpronomina bezeichnen Personen oder Sachen, die unbestimmt sind in Bezug auf ihr Geschlecht (z.B. *jemand*, *etwas*, *man* usw.) und Zahl (*jeder*, *mancher*, *niemand* usw.). Viele von ihnen können in substantivischer und adjektivischer Funktion auftreten (z.B. *etwas*, *jeder*, *alle* etc.), andere sind auf die erstgenannte Funktion beschränkt (z.B. *irgendwer*, *jedermann*, *man* etc.) (vgl. Bußmann 1990, s.v.). Im Folgenden wird eine Auswahl von Indefinitpronomina des (Alt-)Spanischen mit ihren lateinischen Etyma aufgeführt (vgl. hierzu Torrens Álvarez 2007, 96f.):

ál < ALID/ALIUD ('ein anderer; andersartig; verschieden'): Im Altspanischen wurde dieses Indefinitpronomen sehr häufig gebraucht, im 16. Jh. galt es bereits als antiquiert. Normalerweise wurde diesem Pronomen der neutrale Artikel *lo* vorangestellt, wodurch sich als Bedeutung 'lo demás' ergab: *todo lo ál* ('todo lo demás'). Daneben wurde *ál* auch in substantivischer Funktion mit der Bedeutung 'otra cosa' verwendet: *ál non vala* ('otra cosa no valga').

alguien, *alguno*, *-a*, *-os*, *-as*, *algo*: Im mittelalterlichen Spanisch wird für 'irgendeiner, irgendjemand' *alguno* (< vlt. *ALICUNUS) verwendet, erst relativ spät (15./16. Jh.) wird diese Form durch *alguien* (< ALIQUEM) ersetzt (vgl. Väänänen 2012, 126; Torrens Álvarez 2007, 96). *Algo* basiert auf dem Neutrum Singular von *aliquī*, welches *aliquod* lautet.

nadie, *ninguno*, *-a*, *nada*: Der Ursprung der Form *nadie*, welche das lateinische NĒMŌ ('niemand, keiner; kein') ersetzte, ist umstritten. Einige postulieren den Nominativ Plural (HOMINĒS) NĀTI ('geborene Männer') als Ausgangsbasis, andere gehen von (*omne*) *nado* (< (HOMINEM) NĀTUM) ('geborener Mann') aus, wobei angenommen wird, dass das *-o* durch den Einfluss des Relativpronomens *qui* durch *-i* ersetzt wurde (so wie auch bei *otro* und *otri*; s.u.). Das erst spät, d.h. nicht vor dem 15. Jh., angefügte *-e* wird durch einen Einfluss seitens der Form *quien* erklärt (vgl. Torrens Álvarez 2007, 96f.; für andere Erklärungen der Form *nadie* vgl. Lathrop 2010, 147f.). Das Indefinitpronomen *nadi* begegnet in den altspanischen Dokumenten nur sehr selten, denn es gab eine klare Präferenz für die Form *ninguno* (< NEC ŪNU; *nec* = und nicht; auch nicht; aber nicht; *ūnus* = ein; einer). NEC ŪNU hätte sich im Altspanischen dem Lautwandel entsprechend eigentlich zu *neguno* entwickeln müssen; die Form *ninguno* mit ihrem Wandel von /e/ zu /i/ und dem vor /g/ eingefügten /n/ wird durch Analogie zum Negationsadverb *nin* erklärt (vgl. Torrens Álvarez 2007, 97). Die Funktion von lat. NIHIL ('nichts') übernahm *nada* < (REM) NĀTA(M) ('geschaffene (geborene) Sache').

otro: *Otro* geht formal auf lat. ALTER, ALTERA, ALTERUM ('der eine, der andere von beiden; entgegengesetzt') zurück, nimmt semantisch jedoch auch die Bedeutung von lat. ALIUS ('ein anderer; andersartig') an. Im Altspanischen besaß *otro*, wenn es Zeitangaben vorangestellt wurde, die Bedeutung 'folgender': *otro día* ('am folgenden Tag'). Die in altspanischen Dokumenten auftretende Form *otri* mit der Bedeutung 'eine andere Person' wird als Analogiebildung zu dem Relativpronomen *qui* gesehen (s.o. bei *nadie* sowie Torrens Álvarez 2007, 96).

d 5) Relativ- und Interrogativpronomina:

Von den klassisch-lateinischen Relativpronomina *quī*, *quae*, *quod* usw. und den Interrogativpronomina *quis* (*quī*), *quis*, *quid* blieben im (Alt-)Spanischen lediglich die drei folgenden Formen erhalten:

Nominativ Singular:[27]	QUĪ > *qui*
Akkusativ Singular:	QUEM > *quién/que*
Nominativ und Akkusativ Neutrum:	QUID > *qué*

Im Altspanischen wurde *qui* überwiegend bei Bezug auf Personen und ohne explizites Antezedens verwendet, entweder in der Funktion als Subjekt oder nach einer Präposition; *que* hingegen gebrauchte man sowohl für Sachen als auch für Personen (mit explizitem Antezedens) in allen möglichen syntaktischen Funktionen. Ebenso wie *qui* kam die Form *quien* ausschließlich bei Bezug auf Personen (so wie *qui* im Singular und im Plural) zum Einsatz und zwar in den glei-

[27] Bereits im Vulgärlatein haben die maskulinen Formen die femininen absorbiert, so dass im Unterschied zum klassischen Latein bei diesen Pronomina nur noch die Opposition Maskulinum-Femininum vs. Neutrum bestand.

chen Kontexten wie *qui*. Nach einer langen Phase des Nebeneinanders beider Formen verschwand *qui* im 14. Jh. Im 16. Jh. ist von *quien* die Pluralform *quienes* dokumentiert, die jedoch erst im 18. Jh. allgemein üblich wird (vgl. Torrens Álvarez 2007, 98). Aus dem Neutrum *quid* entwickelte sich das Fragepronomen *¿qué?* und aus dem unbetonten *quem* das Relativpronomen *que*. Diese beiden *que* verdrängten eine Reihe lateinischer Ausdrücke: *melius quam* > *mejor que*, *credo quia* > *creo que* (vgl. hierzu Lathrop 2010, 146). Neben *¿qué?* hat das (Alt-)Spanische eine ganze Reihe weiterer Interrogativpronomina vom Lateinischen geerbt, wie z.B. (ib., 147):

DE UNDE > *¿dónde?*
QUĀLE > *¿cuál?*
QUANDŌ > *¿cuándo?*
QUŌMODŌ > *¿cómo?*

2. Verbalbereich:

Im (Alt-)Spanischen sowie in den übrigen romanischen Sprachen ist das Verbalsystem in morphologischer Hinsicht sehr viel komplexer als das Nominalsystem, wobei die Komplexität freilich noch durch syntaktische und semantische Aspekte vergrößert wird. Aus diesem Grunde werden wir uns im Rahmen der vorliegenden Einführung ins Altspanische auf eine Auswahl wichtiger Entwicklungen vom Lateinischen zum Altspanischen beschränken und dabei nicht alle Verbaltempora berücksichtigen. Sehr detaillierte Darstellungen der Herausbildung der altspanischen Verbalmorphologie bieten z.B. Lathrop (2009, 2010) sowie die historischen Grammatiken von Penny (2002) und Lloyd (1987) und vor allem der monumentale, von der mexikanischen Linguistin Company Company (2006–2009) koordinierte Sammelband, für die historische Syntax ist zudem Herrero Ruiz de Loizaga (2005) zu empfehlen; die folgende Darstellung basiert vor allem auf Lathrop (2010).

a) Der Infinitiv:

Im klassischen Latein gab es vier Infinitive bzw. Konjugationsklassen:

1. Konjugation oder *a*-Konjugation: *salutāre*
2. Konjugation oder *e*-Konjugation: *docēre*
4. Konjugation oder *i*-Konjugation: *audīre*
3. Konjugation oder konsonantische (kurzvokalische) Konjugation: *regĕre*

Während die ersten drei (langvokalischen) Konjugationen des klassischen Lateins ohne große Veränderungen über das Vulgärlatein in die spanischen Verbalkonjugationen auf *-ar*, *-er* und *-ir* übergingen, wurde die konsonantische (kurzvokalische) Konjugation im Vulgärlatein aufgegeben. Die Mitglieder dieser Konjugationsklasse gingen größtenteils in die *e*-Konjugation über, einige reihten sich in die *i*-Konjugation ein, wobei alle eine Akzentverlagerung von der drittletzten auf die vorletzte Silbe zeigen:

	Klassisches Latein:	Vulgärlatein:	Spanisch:
a-Konjugation:	*lavāre*	*laváre*	*lavar*
e-Konjugation:	*debēre*	*debére*	*deber*
i-Konjugation:	*dormīre*	*dormíre*	*dormir*
kons. Konjugation:	*pónĕre*	*ponére*	*poner*
	recípĕre	*recipíre*	*recibir*

Einen Sonderfall stellen die beiden hochfrequenten Verben FÁCERE und DĪCERE der konsonantischen Konjugation dar: Sie zeigen den Konjugationsklassenwechsel in die *e*-Konjugation: FÁCERE > vlt. *facére* > asp. *fazer*; DĪCERE > vlt. *dicére* > asp. *dizer*. Doch daneben bilden sie Varianten aus, die den ursprünglichen Akzent des klassischen Lateins bewahren (vgl. Lathrop 2010, 157):

fácere > *fácre* > *fáre* > asp. *far* (> dialektal: *har*)
dícere > *dícre* > *díre* > asp. *dir*

Diese Varianten sind im modernen Spanisch nur noch in den Futur- und Konditionalformen präsent: *haré, diría* usw. Der vulgärlateinische Infinitiv *éssere* ('sein'), der klt. *esse* ersetzte, hat keine Weiterführung ins Spanische erfahren: Das spanische Verb *ser* geht auf klt. SEDĒRE ('sitzen') zurück (ib.).

b) Präsens Indikativ:

Die (alt-)spanischen Formen des Präsens Indikativ zeigen in vielen Fällen Entwicklungen, die sich nicht durch den normalen Lautwandel erklären lassen, sondern nur durch eine sehr stark ausgeprägte Tendenz zur Vereinheitlichung der Verbalkonjugation bzw. zu Analogiebildungen, was zeigt, dass die üblicherweise rigoros befolgten lautlichen Gesetzmäßigkeiten von morphologischen Gesetzmäßigkeiten bzw. Regularisierungen „übertrumpft" werden können (vgl. Lathrop 2010, 158). Die normale Entwicklung des Konjugationsparadigmas des Präsens Indikativ vom Vulgärlatein zum (Alt-)Spanischen stellt sich wie folgt dar (hier als Beispiel das Schema für die Verben auf *-ēre* (zweite Konjugation des klassischen Lateins)):

débo (klt. *debeō*) > *debo*	*debémus* > *debemos*
débes > *debes*	*debétis* > asp. *debedes* > *debéis*
débet > *debe*	*débent* > *deben*

Die einzige ungewöhnliche Entwicklung, die dieses Paradigma zeigt, ist der Wandel *-etis* > *-edes* > *éis*. Normalerweise fällt im Altspanischen intervokalisches *-d-*, das auf lat. *-t-* zurückgeht, nicht aus. In diesem Falle ist das *-d-* jedoch weggefallen, allerdings erst sehr spät, im 15. Jahrhundert; das nachfolgende /e/ hat sich daraufhin zu einem Jot gewandelt (siehe auch: *-atis* > *-ades* > *áis*; *-itis* > *ides* > *-íes*, *-iés* > *íis* > *ís*; vgl. Lathrop 2010, 159, 162).

Betrachten wir nun zwei Beispiele für das „Ausschalten" des normalen Lautwandels durch das Streben nach morphologischer Einheitlichkeit. Bei den meisten Formen der ersten Person Singular des Präsens Indikativ der vierten Konjugation des klassischen Lateins (*-īre*) sowie bei einigen entsprechenden Formen der dritten Konjugation (*-ĕre*) blieb das Jot im Vulgärlatein nicht erhalten: klt. *partiō* > vlt. *parto* > sp. *parto*, klt. *faciō* > vlt. *faco* > sp. *hago*). Doch wenn der Stammvokal eines vulgärlateinischen Verbs auf *-ire* ein geschlossenes /e/ ist, dann wurde es durch den Einfluss des Jot zu /i/ erhöht, bevor das Jot selbst ausfiel. Diese Entwicklung zeigt sich in den frühesten kastilischen Texten: vlt. *metio* > asp. *mido* (vgl. Lathrop 2010, 163). Demgegenüber würde man bei den vulgärlateinischen Formen *metis*, *metit* und *metent*, in denen auf das geschlossene /e/ kein Jot folgt, der üblichen Lautentwicklung entsprechend einen Wandel zu den spanischen Formen *medes*, *mede* und *meden* erwarten. Diese Formen existieren jedoch nicht im Spanischen, sondern wir haben stattdessen *mido*, *mides*, *mide* und *miden*, wobei die drei letztgenannten Analogiebildungen darstellen. Bei den Verben auf *-ar* und *-er*, die eine Vokalalternanz zeigen, sind *alle vier* stammbetonten Formen betroffen:

-ar (*sentar*):	*-er* (*volver*):
siento	*vuelvo*
sientas	*vuelves*
sienta	*vuelve*
sentamos	*volvemos*
sentáis	*volvéis*
sientan	*vuelven*

In Analogie zu den Verben auf *-ar* und *-er* mit einer Vokalalternanz wurde bei den Verben auf *-ir*, die in der ersten Person Singular einen Vokalwechsel aufweisen, dieser Vokal auf die übrigen drei stammbetonten Formen übertragen, wodurch eine Regularisierung des Verbalparadigmas erzielt wurde (ib., 164):

Vulgärlatein:	Spanisch:
métio	*mido*
métis	*mides*
métit	*mide*
metímus	*medimos*
metítis	*medís*
métent	*miden*

In einzelnen Fällen diente das Konjugationsparadigma des Präsens Indikativ als Modell für die Konjugationsformen im Präsens Konjunktiv. Hierzu ein Beispiel: Die erste Person Singular von klt. *plicāre* lautet im Präsens Konjunktiv *plicem*, die der normalen Lautentwicklung entsprechend die Form *llez* hätte ergeben sollen anstatt *llegue*; ebenso hätte *plicēmus* zu *llecemos* und nicht zu *lleguemos* führen müssen usw. Die Formen des Präsens Konjunktiv wurden in Analogie zu den Formen des Präsens Indikativ (*llego*, *llegas*, *llega* etc.) gebildet (vgl. Pharies 2007, 122).

Im Präsens Indikativ zeigen vor allem einige hochfrequente Verben besondere Entwicklungen, wie etwa in den folgenden Beispielen zu sehen ist:

***doy*, *soy*, *voy* und *estoy*:**

Die altspanischen Entsprechungen dieser Formen des modernen Spanisch sind das Ergebnis der normalen Lautentwicklung und zeigen allesamt kein *y* (vgl. Lathrop 2010, 169):

vlt. *do* > asp. *do*
vlt. *sum* > asp. *so*[28]
vlt. *vao* (klt. *vadō*) > asp. *vo*
vlt. *sto* > asp. *estó*

Die ersten Dokumente, in denen eine Form mit *y*, *doy*, auftritt, stammen vom Anfang des 13. Jahrhunderts. Bei dem *y* handelt es sich um ein Ortspronomen

[28] Vlt. *sum* hätte eigentlich dem regelmäßigen Lautwandel entsprechend zu *son* führen müssen, was in ganz wenigen Dokumenten auch der Fall ist; das *-n* wurde jedoch eliminiert, um die Form von der dritten Person Plural *son* (< *sunt*) zu unterscheiden (vgl. Lathrop 2009, 170).

(von lat. *ibī* ‘dort’), das der Verstärkung des Ausdrucks diente: *do y la otra heredat a este monasterio* (zit. bei Lathrop 2010, 170). Erst im 16. Jh. wurde *y* durchgängig an *do* angefügt und schließlich auch an *so* und *vo*, die insofern in einer engen Beziehung zu *do* standen, als es sich bei allen drei um hochfrequente einsilbige Formen der ersten Person Singular handelt; in Analogie zu *soy* wurde später *estoy* gebildet und auch *ha* wurde mit einem *y* versehen: *hay* (vgl. frz. *il y a*; ib.).

***ser*:**

Das Konjugationsparadigma von *ser*, das auf der Konjugation von klt. *esse* beruht, weist einige Besonderheiten auf (vgl. Lathrop 2010, 170):

klt. *sum* > asp. *so* > sp. *soy*
klt. *es* (wurde nicht fortgeführt); *eris* (Futurform) > sp. *eres*
klt. *est* > sp. *es*
klt. *sumus* > sp. *somos*
klt. *estis* (wurde nicht fortgeführt); vlt. *sutis* > asp. *sodes* > sp. *sois*
klt. *sunt* > sp. *son*

Sowohl klt. *es* als auch klt. *est* hätten im Spanischen *es* ergeben; um diese Übereinstimmung zu vermeiden wurde in der zweiten Person Singular auf die entsprechende Form des Futurs, *eris*, zurückgegriffen, die zu sp. *eres* führte (ib.). Die zweite Person Plural klt. *estis* wurde vermutlich deshalb aufgegeben, weil sie auf den Singularformen *es*, *est* basierte; im Vulgärlatein wurde in Anlehnung an die Pluralformen *sumus* und *sunt* die Form *sutis* gebildet, was einmal mehr das Streben des Vulgärlateins nach Vereinheitlichung belegt (ib., 171).

***ir*:**

Der klt. Infinitiv *īre* blieb im Spanischen erhalten, doch von den Konjugationsformen des Präsens Indikativ dieses Verbs wurde im modernen Spanisch keine einzige übernommen (ib.). Eine überzeugende Erklärung hierfür ist, dass der Lautwandel in den meisten Fällen sehr kurze Formen mit einem zu schwachen phonetischen Lautkörper ergeben hätte, die mitunter zudem auch noch mit anderen gleichlautenden Elementen, wie etwa Pronomen, hätten verwechselt werden können: So hätte beispielsweise klt. *ego eō* (‘ich gehe’) im Spanischen **yo yo* ergeben (ib.). Die einzigen Präsensformen von *īre*, die im Altspanischen bewahrt wurden, sind *imos* (< klt. *īmus*) und *ides* (< klt. *ītis*); freilich benötigte man für das nicht fortgeführte Konjugationsparadigma von *īre* einen Ersatz, die

Formen von klt. *vádere* ('wandeln; schreiten; gehen') übernahmen diese Aufgabe (ib.):

klt. *vadō* > vlt. *vao* > asp. *vo* > sp. *voy*
klt. *vadis* > vlt. *vas* > sp. *vas*
klt. *vadit* > vlt. *vat* > sp. *va*
klt. *vádimus* > vlt. *vamus* > sp. *vamos*
klt. *váditis* > vlt. *vatis* > sp. *vais*
klt. *vadunt* > vlt. *vant* > sp. *van*

c) Imperfekt Indikativ:

Der Imperfektmarker *(a)ba* der Verben der *a*-Konjugation des klassischen Lateins blieb im Vulgärlatein sowie im Spanischen erhalten (vgl. Lathrop 2010, 180f.):

Vulgärlatein:	Spanisch:
clamába	*llamaba*
clamábas	*llamabas*
clamábat	*llamaba*
clamabámus	*llamábamos*
clamabátis	*llamabais*
clamábant	*llamaban*

Die beiden Reihen zeigen, dass das Spanische auch hinsichtlich der betonten Silbe auf eine Regularisierung abzielte, denn im Unterschied zum Lateinischen, wo die Akzentuierung variiert, erhält bei den spanischen Imperfektformen stets der gleiche Vokal den Hauptton (siehe hierzu auch die unten aufgeführten Konjugationsparadigmen).

Das Imperfektzeichen *(ē)ba* (Verben der *e*-Konjugation, der konsonantischen Konjugation und der *i*-Konjugation) wurde im Vulgärlatein zu *ea* vereinfacht, das sich im Spanischen zu *ía* weiterentwickelte:

Vulgärlatein:	Spanisch:
debéa (klt. *debēbam*)	*debía*
debéas	*debías*
debéat	*debía*
debeámus	*debíamos*
debeátis	*debíais*
debéant	*debían*

Vulgärlatein:	Spanisch:
bibéa (klt. *bibēbam*)	*bebía*
bibéas	*bebías*
bibéat	*bebía*

bibeámus	*bebíamos*
bibeátis	*bebíais*
bibéant	*bebían*

Vulgärlatein:	Spanisch:
dorméa (klt. *dormiēbam*)	*dormía*
dorméas	*dormías*
dorméat	*dormía*
dormeámus	*dormíamos*
dormeátis	*dormíais*
dorméant	*dormían*

Im 13. Jh. kam es bei den Imperfektformen der Verben auf *-er* und *-ir* teilweise zu Modifikationen in der Endung und in der Akzentuierung: Aus *-ía* wurde infolge einer Assimilation von /a/ an /i/ zunächst *-íe*, dann wechselte die Betonung auf das /e/ (*ié*), so wie beispielsweise auch bei der Entwicklung von klt. *mulíerem* zu vlt. *muliére* (vgl. Lathrop 2010, 182); interessanterweise war die erste Person Singular von diesem Wandel nicht betroffen (ib.):

tenía
teniés
tenié
teniémos
teniédes
tenién

d) Perfekt:

Im klassischen Latein war das Perfekt das komplexeste aller Verbaltempora. Es gab:

1. *regelmäßige* Perfektstämme (die identisch mit den Präsensstämmen waren)
2. *unregelmäßige* Perfektstämme.

Die Verben mit regelmäßigen Perfektstämmen zeigen im Normalfall:

a) *endungsbetonte* Formen, einige Untergruppen von ihnen sowie alle Verben mit unregelmäßigem Perfektstamm bildeten:

b) *stammbetonte* Formen.

Alle diese Fälle unterscheiden sich in ihrer Entwicklung vom Lateinischen zum Spanischen.

1. Regelmäßige endungsbetonte Perfekta:

Bei dieser Gruppe von Verben, die vor allem in der ersten (*-āre*) und vierten Konjugationsklasse (*-īre*) begegnen, liegt die Betonung in allen Personalpositionen nicht auf dem Stamm, sondern auf der Endung, die sich aus dem für die jeweilige Konjugationsklasse charakteristischen Vokal, dem Perfektmarker *-v-* sowie den Personalendungen des Perfekts (*-ī*, *-istī*, *-it*, *-imus*, *-istis*, *-ērunt*/*-ēre*) zusammensetzt: *clam-ā-v-i*, *clam-ā-v-istī* usw.). Im Vulgärlatein erfahren die Endungen einige Modifikationen, die Entwicklung vom Vulgärlatein zum Spanischen entspricht hingegen dem üblichen Lautwandel (vgl. Lathrop 2010, 64f., 183):

Klassisches Latein:[29]	Vulgärlatein:	Spanisch:
clamávi	*clamái*	*llamé*
clamavísti	*clamásti*	*llamaste*
clamávit	*clamáut*	*llamó*
clamávimus	*clamámus*	*llamamos*
clamavístis	*clamástis*	*llamastes* > *llamasteis*
clamavérunt	*clamárunt*	*llamaron*

Die asp. Form der zweiten Person Plural *llamastes* wurde in Analogie zu allen anderen Tempora, die bei den Formen von *vosotros* stets ein /i/ in der Endung aufweisen, im modernen Spanisch zu *llamasteis* weiterentwickelt (vgl. Lathrop 2010, 183).

Komplexer verlief die Entwicklung bei den betreffenden Verben der *i*-Konjugation, da bei diesen im Altspanischen aufgrund unterschiedlicher Lautentwicklungen im Plural Doppelformen entstanden (*partiemos*/*partimos*, *partiestes*/*partistes*, *partieron*/*partiron*; vgl. Lathrop 2010, 183f.).

2. Regelmäßige stammbetonte Perfekta:

Bei den meisten Verben der zweiten Konjugation (*-ēre*) sowie bei einigen Verben der dritten (*-ĕre*) und vierten Konjugation (*-īre*) entfiel beim Anfügen der Endung der für die jeweilige Konjugationsklasse typische Vokal. Diese Perfekta weisen sowohl stammbetonte Formen (1. und 3. Person Singular) als auch endungsbetonte Formen (2. Person Singular sowie alle Pluralformen) auf. Der Per-

[29] Zur Vereinfachung werden hier die Lang- und Kurzvokale des klassischen Lateins nicht durch Diakritika angezeigt, sondern es wird lediglich die tontragende Silbe markiert.

fektmarker *-v-* wird bei diesen Verben als [u] oder als Halbkonsonant [w] (in der Schreibung: *u*) realisiert (vgl. Lathrop 2010, 66):

habēre ('haben'):

hábuī	*habúimus*
habuístī	*habuístis*
hábuit	*habuérunt*

Bei den meisten dieser Perfekta kam es im Vulgärlatein zu einer Vereinfachung, indem die ursprünglich stammbetonten Formen an die Endbetonung angepasst wurden; im Spanischen entsprechen in diesen Fällen die Endungen denen der Verben auf *-ire*, wie am Beispiel von *timēre* zu sehen ist (vgl. Lathrop 2010, 185):

Klassisches Latein:	Vulgärlatein:	Spanisch:
tímui	*timíi*	*temí*
timuísti	*timísti*	*temiste*
tímuit	*timíut*	*temió*
timúimus	*timímus*	*temimos*
timuístis	*timístis*	*temisteis*
timuérunt	*timiérunt*	*temieron*

Bei den Perfekta, die ihre stammbetonten Formen behielten, verschmolz das [w] mit dem vorangehenden Vokal: klt. *hábuī* > vlt. *áubi* > asp. *ove* (ib., 66, 186):

Klassisches Latein:	Altspanisch:
hábuī	*ove*
habuístī	*oviste*
hábuit	*ovo*
habúimus	*oviemos*
habuístis	*oviestes*
habuérunt	*ovieron*

Ähnlich entwickelten sich beispielsweise auch: klt. *cépī* > vlt. *cápui* > asp. *cope*, klt. *sápuī* > vlt. *sáupi* > asp. *sope* (ib., 66, 186). Die Entwicklung des Perfekts von *habēre* diente einigen spanischen Verben als Modell für Analogiebildungen. So hat etwa klt. *ténuī* (von *tenēre* '(fest-)halten; innehaben') im Altspanischen nicht zu der zu erwartenden Form **tene* geführt, sondern sich in Anlehnung an *ove* zu *tove* gewandelt (ib., 186); die Reduplikationsperfektform *stētī* (von *stāre*) hat neben der lautlich „korrekt" entwickelten Form asp. *estide* eine an *ove* orientierte Perfektform *estove* herausgebildet; *andar* bildete die analogische Perfektform *andove*; neben den der Lautentwicklung entsprechenden Perfektformen findet man bei *creer* und *crecer* im Altspanischen auch das in Analogie zu *ove* gebildete Perfekt *crove* und von *ser* die Form *sove* (ib.).

Bei einigen Perfekta, die ihre stammbetonten Formen bewahrten und im Stamm ein /o/ hatten, bewirkte das [w] der Endung eine Anhebung dieses [o] zu [u] (ib., 187):

Klass. Latein:	Altspanisch:	Klass. Latein:	Altspanisch:
pótuī	*pude*	*pósuī*	*puse*
potuístī	*pudiste*	*posuístī*	*pusiste*
pótuit	*pudo*	*pósuit*	*puso*
potúimus	*pudimos*	*posúimus*	*pusimos*
potuístis	*pudistes*	*posuístis*	*pusistes*
potuérunt	*pudieron*	*posuérunt*	*pusieron*

Die Modellfunktion dieser beiden hochfrequenten Verben war so stark, dass beim Übergang zum modernen Spanisch alle oben genannten Perfekta das etymologische /o/ ihres Stammes in Analogie zu einem /u/ wandelten (ib.):

Altspanisch:	modernes Spanisch:
ove	*hube*
tove	*tuve*
cope	*cupe*
sope	*supe*
estove	*estuve*
andove	*anduve*

3. Perfekta mit unregelmäßigen Perfektstämmen:

a) Perfektstämme mit Vokalalternanz:

Zahlreiche Verben der zweiten, dritten und vierten Konjugation haben im klassischen Latein Perfektstämme, die sich durch einen Vokalwechsel von den entsprechenden Präsensstämmen unterscheiden, wobei die Vokalalternanz auch einfach in einer Längung des Vokals des Präsensstamms bestehen konnte (s.u.). Im Rahmen der Entwicklung vom klassischen Latein zum Spanischen wurden diese Perfektstämme aufgegeben und die Perfektendungen an den Präsensstamm angehängt (ib., 189):

Klassisches Latein:	Spanisch:
legere, lēgī	*leer, leí*
recipere, recēpī	*recibir, recibí*
rumpere, rūpī	*romper, rompí*
vincere, vīcī	*vencer, vencí*

b) Reduplikationsperfekta:

Im klassischen Latein gab es eine kleinere Gruppe von Verben, deren Perfektstamm durch Verdopplung des Präsensstammes oder eines Teils desselben gebildet wurde: *currere* > *cucurrī* (vgl. Lathrop 2010, 190). Abgesehen von zwei Ausnahmen sind diese Perfekta im (Alt-)Spanischen gänzlich verschwunden; üblicherweise wurden die reduplizierten Perfektstämme durch die Präsensstämme ersetzt (ib.):

Klassisches Latein:	Spanisch:
cadere, cécidī	*caer, caí*
credere, crédidī	*creer, creí*
currere, cucúrrī	*correr, corrí*
mordere, momórdī	*morder, mordí*
tendere, teténdī	*tender, tendí*
vendere, véndidī	*vender, vendí*

Die beiden Ausnahmen, die ins Altspanische übernommen wurden, sind:

dare, dédī > *dar, dí*
stare, stetī > *estar, estide* (wurde schon im Asp. durch *estove* (> *estuve*) ersetzt; s.o.)

c) Sigmatische Perfekta:

Das gängigste Verfahren des klassischen Lateins zur Bildung unregelmäßiger Perfektstämme bestand darin, an den Präsensstamm ein *-s-* anzuhängen (da der Buchstabe *s* im Griechischen den Namen Sigma trägt, werden diese Perfekta auch als sigmatische Perfekta bezeichnet): *scribere* > *scrīpsī* (ib., 188). Wenn ein Präsensstamm auf [g] oder [k] endete, ergaben sich die Verbindungen [gs] bzw. [ks], die im Lateinischen durch das Graphem *x* repräsentiert wurden: *dīcere* > *díxī, dūcere* > *dúxī*. Manche dieser sigmatischen Perfektstämme wurden schon früh durch die Präsensstämme ersetzt. Andere blieben im Altspanischen erhalten und wurden erst auf dem Weg ins moderne Spanisch durch die Präsensstämme verdrängt (ib.):

Klassisches Latein:	Altspanisch:	modernes Spanisch:
cingĕre, cínxī	*ceñir, cinxe*	*ceñir, ceñí*
coquĕre, cóxī	*cocer, coxe*	*cocer, cocí*
mittĕre, mísī	*meter, mise*	*meter, metí*
ridĕre, rísī	*reír, rise*	*reír, reí*
scribĕre, scrīpsī	*escribir, escrisse*	*escribir, escribí*
tingĕre, tínxī	*teñir, tinxe*	*teñir, teñí*

e) Futur und Konditional:

Das synthetische Futur des klassischen Lateins hat sich weder im Spanischen noch in einer anderen romanischen Sprache gehalten. Bereits im Vulgärlatein ist es aufgegeben worden, und zwar vor allem aus den folgenden Gründen (vgl. Lathrop 2010, 60f.; Bollée 2002, 15):

1. Im Vulgärlatein bestand die Tendenz, synthetische durch „anschaulichere" analytische Ausdrucksverfahren, wie etwa Periphrasen mit Modalverb, zu ersetzen: *ich werde singen* > *ich will, muss, habe zu singen* (etwas tun wollen, müssen etc. impliziert ja grundsätzlich Futurität).
2. Die Futurbildung war im klassischen Latein uneinheitlich:

	laudābō, laudābis	*vidēbō, vidēbis*
aber:	*pōnam, pōnēs*	*audiam, audiēs*

3. Einige Formen fielen lautlich zusammen: Durch den Wandel *-b-* > *-v-* wird die Futurform *cantabit* zu *cantavit*, welches mit der Perfektform identisch ist; infolge des Wandels von kurzem /i/ zu geschlossenem /e/ (s.o. 2.7.4.1) wurde die Präsensform *vendit* im Vulgärlatein zu *vendet* und stimmte somit mit der Futurform *vendet* überein.

All diese Faktoren haben dazu geführt, dass im Vulgärlatein auf unterschiedliche periphrastische Ausdrucksweisen zur Explizierung des Futurs zurückgegriffen wurde. Für das Spanische und die anderen romanischen Sprachen wurde die folgende Konstruktion, die bereits im klassischen Latein existierte, am wichtigsten: *scrībere habeō* (‘ich habe zu schreiben’), *facere habet* (‘er, sie hat zu machen’) (vgl. Lathrop 2010, 61). Die Konjugation des Verbs *habēre* zeigt im Vulgärlatein Kürzungen gegenüber den klassisch-lateinischen Formen (ib.):

áio (< klt. *hábeō*)	*(ab)émus* (< klt. *habēmus*)
as (< klt. *hábes*)	*abétis* (< klt. *habētis*)
at (< klt. *hábet*)	*ant* (< klt. *hábent*)

Aus der Verbindung von Vollverb und den Kurzformen des Auxiliars *habēre* sind die spanischen Futurformen entstanden: klt. *cantāre habeō* > vlt. *cantar áio* > asp. *cantar e* > nsp. *cantaré*. Im Altspanischen gab es ein Bewusstsein für den analytischen Charakter dieses Futurausdrucks, und so konnten die beiden Bestandteile auch getrennt werden, indem man ein an den Infinitiv angehängtes Pronomen einfügte (so wie es noch heute im schriftsprachlichen Portugiesisch üblich ist): *darlo e, traervoslo he, darmelo hedes* (ib., 194f.). Allerdings war im Altspanischen das Einfügen des Pronomens (Mesoklise, Tmesis) nicht obligatorisch, und so finden sich etwa im *Cantar de Mio Cid* neben Formen mit eingeschobenem Pronomen auch solche ohne Einschub: *dexaré vos las posadas* (vgl. Lathrop 2010, 195).[30] In den Fällen ohne Mesoklise sind die beiden Bestandteile des Futurs immer mehr zu einem Wort zusammengewachsen, und da die Betonung auf der Endsilbe lag, gelangte der Vokal der Auslautsilbe des Infinitivs, der vormals den Akzent trug, in unbetonte Position und wurde oftmals synkopiert: *sabré, vivré, tenré* (vgl. Lathrop 2010, 195; Torrens Álvarez 2007, 106). Einige dieser synkopierten Formen wurden im modernen Spanisch bewahrt (*sabré*), andere haben den ausgefallenen Vokal der Endsilbe des Infinitivs restituiert (*viviré*), wieder andere haben die aus der Synkope resultierenden Lautsequenzen, die für das Spanische „exotisch" und somit für die Sprecher artikulatorisch schwer zu bewältigen waren, wie etwa *m'r* und *n'r*, durch das Einfügen eines epenthetischen Konsonanten wieder „aussprechbar" gemacht: *tendré* (vgl. Torrens Álvarez 2007, 106).

Aus der Kombination Infinitiv + Imperfekt von *habēre* wurde neben dem Futur auch ein neues Tempus gebildet, der Konditional, den es im klassischen Latein nicht gab: *sanare te habebat Deus per indulgentiam, si fatereris* ('Gott würde dich aus Nachsicht heilen, wenn du deine Sünden geständest'; Ps. Aug., *Serm.* 253, 4; vgl. Lathrop 2010, 62). Die Endungen des spanischen Konditionals basieren auf den vulgärlateinischen Kurzformen des Imperfekts von *habere*: *llamar-ía, deber-ías* usw., wobei zu betonen ist, dass im Altspanischen einige Formen mit /a/ auch Varianten mit /e/ kannten (s.o.): *-ía/-ie, -ían/-ien* (ib., 182, 196). Ebenso wie beim Futur war im Altspanischen auch beim Konditional die Mesoklise möglich: *conbidarle ien de grado* (*Cid*, 21; 'sie würden ihn gerne einladen'; vgl. Sánchez Miret 2012, 14).

f) Perfektpartizip:

Im klassischen Latein wurde zwischen endungsbetonten Perfekta (z.B. *laudātum* < *laudāre*) und stammbetonten Perfekta (z.B. *cáptum* < *cápere*) unterschieden.

[30] Ab dem 15. Jh. verbreitet sich das Futur ohne Mesoklise des Pronomens (vgl. Sánchez Miret 2012, 14).

Die endungsbetonten Perfekta der *a*- und der *i*-Konjugation wurden im Vulgärlatein bewahrt (vgl. Lathrop 2010, 196):

a-Konjugation:	*i*-Konjugation:
clamátu > llamado	*audítu > oído*
lavátu > lavado	*dormítu > dormido*
plicátu > llegado	*partítu > partido*

Von den endungsbetonten Perfekta der *e*-Konjugation (*-ētum*) wurde kein einziges im Spanischen fortgeführt; manche der betreffenden Verben wurden nicht ins Spanische übernommen, bei anderen wurde die Endung durch jene der *i*-Konjugation ersetzt: klt. *complētum* > sp. *cumplido* (ib., 196f.). Die endungsbetonten Perfekta der konsonantischen Konjugation (*-ĕre*) gingen auf *-ūtum* aus. Zwar fanden nur wenige von ihnen Eingang ins Altspanische (z.B. *battuere*, *battūtum* > asp. *batudo*), doch wirkte die *-udo*-Endung für eine ganze Reihe von Verben als Modell und wurde von diesen übernommen: So finden sich etwa *metudo* und *vençudo* im *Cantar de Mio Cid* und u.a. *corrompudo*, *sabudo* und *temudo* im *Libro de Alexandre* (ib., 197). Nach dem 13. Jh. wurde *-udo* zunehmend aufgegeben und die betreffenden Verben erhielten *-ido* als Endung.

Was die stammbetonten Perfekta des klassischen Lateins anbelangt, so wurde eine ganze Reihe von diesen schon im Vulgärlatein in endungsbetonte Perfekta umgebildet (z.B. klt. *sénsum* > vlt. *sentítu*). Einige stammbetonte Perfekta blieben im Spanischen erhalten (ib.):

Vulgärlatein:	Spanisch:
apertu	*abierto*
copertu	*cubierto*
dictu	*dicho*
factu	*hecho*
mortu	*muerto*
positu	*puesto*
ruptu	*roto*
scriptu	*escrito*
vistu (klt. *vīsum*)	*visto*

Einige der vom Altspanischen übernommenen stammbetonten Perfekta wurden später auf der Grundlage des Infinitivs in endungsbetonte Perfekta umgewandelt (ib.):

klt. *míssum* > asp. *meso* > sp. *metido*
klt. *nátum* > asp. *nado* > sp. *nacido*

g) Zusammengesetzte Tempora:

Neben den oben bei der Behandlung des Futurs und des Konditionals erwähnten Periphrasen gab es im Lateinischen weitere Verbalperiphrasen mit *habēre*, wobei aus einigen im Vulgärlatein zusammengesetzte Tempora entstanden, was eine markante Innovation des Vulgärlateins gegenüber dem klassischen Latein darstellt, da dieses kein einziges analytisches Verbaltempus kannte. Aus der Periphrase bestehend aus den Präsensformen von *habēre* und dem Partizip Perfekt Passiv (*habeō scrīptum*) wurde schon im Vulgärlatein ein neues, analytisches Perfekt geschaffen; aus dem Imperfekt Indikativ von *habēre* und dem Partizip Perfekt Passiv (*habēbam cantātum*) entstand bereits im Vulgärlatein ein analytisches Plusquamperfekt (*había cantado*); aus der Verbindung des neu entstandenen Konditionals mit dem Partizip Perfekt Passiv wurde im Spanischen der *futuro perfecto* gebildet (*habré cantado*) (vgl. Torrens Álvarez 2007, 110; Sánchez Miret 2012, 14; Väänänen 2012, 131f.). Die Herausbildung des zusammengesetzten Perfekts gestaltete sich im Einzelnen wie folgt (vgl. hierzu Bollée 2002, 16):

1. Stufe – klassisches Latein: das Partizip hat passivische Bedeutung:

magister habet scrīptum librum
'der Lehrer hat ein Buch, das geschrieben worden ist (wobei nicht bestimmt ist, wer es geschrieben hat, er selbst oder jemand anders)'

2. Stufe – Vulgärlatein: das Partizip bekommt perfektische Bedeutung:

magister habet scriptum librum
'der Lehrer hat ein geschriebenes Buch, ein Buch, das fertig geschrieben ist'. D.h. die Handlung des Schreibens ist abgeschlossen; auf dieser Stufe ist impliziert, dass er es selbst geschrieben hat.

3. Stufe: *habēre* ist zum Hilfsverb geworden, der ganze Ausdruck hat nur noch Vergangenheitsbedeutung (*pretérito perfecto*):

El profesor ha escrito un libro.
('der Lehrer hat ein Buch geschrieben')

Neben den oben genannten Periphrasen gab es im klassischen Latein auch ein analytisch gebildetes perfektisches Passiv (*amātus sum*), welches im Spanischen mit dem neu entstandenen analytischen Perfekt zusammenfloss. Dies führte dazu, dass das zusammengesetzte Perfekt im Altspanischen zwei Hilfsverben kannte: *haber* für transitive Verben (*yo treinta he ganados* 'ich habe dreißig gewonnen'; *Cid*, 207) und *ser* für intransitive Verben (*venidos son* 'sie sind gekommen'; *Cid*, 2269; vgl. Sánchez Miret 2012, 14f.). Doch schon im Altspanischen begegnen intransitive Verben mit *haber*: *a Valencia an entrado* ('sie sind nach Valencia hineingegangen'; *Cid*, 2247) vs. *a Valencia son entrados* (*Cid*, 1792; vgl. Sánchez Miret 2012, 15). Das Auxiliar *ser* war noch bis ins 16. Jh. hinein in Gebrauch (ib.).

h) Präpositionen:

Die meisten Präpositionen des klassischen Lateins wurden im Altspanischen fortgeführt (vgl. Lathrop 2010, 199):

Klassisches Latein:	Spanisch:
ad	*a*
ante	*ante*
circa	*cerca*
cum	*con*
dē	*de*
in	*en*
inter	*entre*
post	*pues*
pro	*por*
secūndum	*según*
sine	*sin*
super	*sobre*
trans	*tras*

Die lautliche Entwicklung von lat. *sine* mit seinem kurzen *i* zu sp. *sin* ist erklärungsbedürftig, denn dem regelmäßigen Lautwandel entsprechend sollte das Resultat *sen* heißen, da bereits im Vulgärlatein das klt. kurze *i* zu geschlossenem *e* wurde (s.o. 2.7.4.1). Die Form *sin* ist vermutlich ein weiteres Beispiel für eine Analogiebildung, wobei hier eine Reihe kurzer Wörter mit *-i* des Spanischen als Modell fungiert haben dürfte: *mí*, *ti*, *sí* (ib.).

Einige Präpositionen des Spanischen setzen sich aus zwei oder mehr lateinischen Präpositionen zusammen (ib., 199f.):

de + *ex* + *post* > *después*
pro + *ad* > asp. *pora* > sp. *para*

Eine ganze Reihe klt. Präpositionen wurde nicht ins Spanische übernommen, sei es, weil eine synonyme Form aus ökonomischen Gründen aufgegeben wurde, oder, weil eine lateinische Präposition durch eine Form ersetzt wurde, die aus einer Kontaktsprache des Spanischen entlehnt wurde (ib., 200):

ab, dē > sp. *de*	*versus, faciēs* (vlt. *facia*) > sp. *hacia*
ex, dē > sp. *de*	*tenus*, arab. *ḥatta* > asp. *fata, fasta* > sp. *hasta*
apud, cum > sp. *con*	
ob, prō > sp. *por*	

i) Konjunktionen und Subordinierung:

Die Frage nach dem Ursprung des Systems der romanischen Konjunktionen wird in der romanistischen Forschung unterschiedlich beantwortet: Während es sich einer These zufolge um eine Fortführung lateinischen Erbes handelt, gehen andere Autoren von einer eigenständigen Entwicklung im Romanischen aus (vgl. Torrens Álvarez 2007, 113). Fest steht jedenfalls, dass die meisten klt. Konjunktionen bei der Herausbildung des Spanischen aufgegeben und durch Äquivalente romanischer Herkunft ersetzt wurden (vgl. Lathrop 2010, 201; Torrens Álvarez 2007, 114):

klt. *etsī* → sp. *aunque*	klt. *quia* → sp. *porque*
klt. *ut* → sp. *que*	klt. *ígitur* → sp. *por eso*
klt. *sed* → sp. *pero*	klt. *cum* → sp. *cuando*

Andererseits wurde jedoch auch eine ganze Reihe von Konjunktionen des klassischen Lateins im Spanischen bewahrt, wie beispielsweise die folgenden (vgl. Lathrop 2010, 200; Torrens Álvarez 2007, 114):

klt. *et* > sp. *y, e*
klt. *nec* > sp. *ni*
klt. *sī* > sp. *si*
klt. *aut* > sp. *o*
klt. *quia* > asp. *ca* ('weil')
klt. *ubi* > asp. *ó* ('wo')
klt. *quid* > sp. *que*

Die Entwicklung von klt. *et* zu sp. *e* entspricht dem regelmäßigen Lautwandel: Eine Diphthongierung bleibt aus, weil die Konjunktion unbetont ist. Erklärungsbedürftig ist hingegen die Form *y* des modernen Spanisch: Wenn im Altspanischen *e* vor einem Wort mit anlautendem Vokal (außer /i/) auftrat, so habe es nach einer These dazu tendiert, als Jot realisiert zu werden (vgl. Lathrop 2010, 200f.):

asp. *e amigos* [jamíɣos] > sp. *y amigos*
asp. *e obispos* [joβíspos] > sp. *y obispos*
asp. *e uno* [júno] > sp. *y uno*

Diese Kontexte sollen zu einer Generalisierung von *y* geführt haben. Vor einem /i/ hingegen habe sich *e* nicht zu Jot entwickelt, was erkläre, warum wir auch im modernen Spanisch noch immer die Form *e* vor Wörtern haben, die mit /i/ anlauten: *e hijos* (ib., 200f.). Eine andere These geht davon aus, dass *y* vermutlich im Kontakt mit Wörtern mit initialem /e/ entstanden ist: *yo y ellas* (*Cid*, 2087; vgl. Sánchez Miret 2012, 17). Bei der dem üblichen Lautwandel widersprechenden Entwicklung von *nec* zu *ni* handelt es sich möglicherweise um eine Analogiebildung zu *sí* (vgl. Lathrop 2010, 201). Abschließend noch ein paar Anmerkungen zu einem Teilbereich der Syntax, der mit den Konjunktionen auf das engste verknüpft ist: die Subordinierung.

Zur **konditionalen** Subordinierung verwendete das Altspanische die aus dem Lateinischen übernommene Konjunktion *si*, die in älteren Texten mitunter auch als *se* erscheint (vgl. Sánchez Miret 2012, 17). Die wichtigste **temporale** Konjunktion ist asp. *quando* (nsp. *cuando*). Weitere temporale Konjunktionen des Altspanischen sind z.B. *do* < *dē ubi* ('als') und *don* < *dē unde* ('als'), die das Ergebnis eines Grammatikalisierungsprozesses „Raum" → „Zeit" darstellen (ib.):

Do sedién en el campo fabló el rey don Alfonso
('als sie auf dem Feld waren, sprach König Alfons'; *Cid*, 3595)

Don llegan los otros, a Minaya se van homillar
('als die anderen ankamen, gingen sie Minaya zu grüßen'; *Cid*, 1516)

Mit der aus dem Arabischen entlehnten Präposition *fata*, *fasta* (s.o.) wurde im Altspanischen eine neue analytische Temporalkonjunktion *fata que*/*fasta do* (nsp. *hasta que*) gebildet (ib.):

Allí sovieron ellas fata que sanas son
('sie blieben dort, bis sie geheilt waren'; *Cid*, 2823)

Nós cercamos el escaño por curiar nuestro señor, / fasta do despertó mio Cid
('wir umrahmten die Ruhebank, um unseren Herrn zu schützen, bis Mio Cid aufwachte'; *Cid*, 3335–3336)[31]

[31] Bei Sánchez Miret (2012, 17) wird *escaño* mit Bett übersetzt, dabei handelt es sich jedoch um eine Bank (zum Sitzen und Liegen). Die von Sánchez Miret (2012) angeführten deutschen Übersetzungen von Belegen aus dem *Cid* enthalten punktuell Fehler bzw. Aus-

Bei den **kausalen** Konjunktionen erfreute sich im Altspanischen *ca* (< klt. *quia*) großer Beliebtheit (ib.): *non puedo traer el aver ca mucho es pesado* ('ich kann die Habe nicht mitnehmen, weil sie sehr schwer ist'; *Cid*, 91). *Quando* konnte im Altspanischen neben einer temporalen auch eine kausale Bedeutung annehmen, war in dieser Funktion jedoch ab dem 13. Jh. nur noch wenig verbreitet (ib.): *posó en la glera, quando no l' coge nadi en casa* ('er lagerte auf dem Kiesufer, weil niemand ihn beherbergt'; *Cid*, 59). Aufgrund der kontextuellen Inferenz, dass ein Geschehen *x*, das zeitlich vor einem Ereignis *y* liegt, oftmals die Ursache für das Geschehen *y* repräsentiert (*post hoc*, *ergo propter hoc* 'danach, also deswegen'), war es möglich, dass einige Konjunktionen mit ursprünglich temporalem Wert als kausale Konnektoren grammatikalisiert wurden, wie beispielsweise *pues* (< lat. *post*) (ib.):

temporal: *Pues esto an fablado, piénsanse de adobar*
('Nachdem sie dies gesagt haben, beginnen sie, sich zu rüsten'; *Cid*, 1283)

kausal: *Pues esso queredes, Cid, a mí mandedes ál*
('Da Ihr das wollt, Cid, gebt mir einen anderen Befehl'; *Cid*, 1694)

Schon im Altspanischen gab es die kausale Konjunktion *porque* (< *pro* (*eō*) *quod*), die dann später der wichtigste kausale Konnektor wird: *crécem' el coraçón porque estades delant* ('ich habe mehr Mut, weil Ihr vor mir steht'; *Cid*, 1655). Im mittelalterlichen Spanisch war *porque* + Konjunktiv die wichtigste **finale** Konjunktion: *çedaços et farneros por que coma el conviento bon pan* ('Siebe und Geräte, damit man im Kloster gutes Brot essen kann'; *Partición de la renta monasterial entre el abad y el convento de Arlanza* (1266) zit. bei Sánchez Miret 2012, 17f.). Diese finale Verwendung erstreckt sich bis in die *Siglos de Oro* und wurde dann durch die im 13. Jh. entwickelte Konjunktion *para que* ersetzt (ib., 18). Das Spanische hat keine der **konzessiven** Konjunktionen des Lateinischen bewahrt. Der im Altspanischen häufigste Ausdruck für Konzessivität war *maguer*, eine Entlehnung aus dem Griechischen (< gr. *μακάριε* 'glücklicherweise'; ib., 18): *maguer les pesa oviéronse a dar e a arrancar* ('obwohl es sie schmerzt, mussten sie sich ergeben und fliehen'; *Cid*, 1145). Diese Form wurde im 15. Jh.

---

drucksschwächen, daher wird an den betreffenden Stellen – so wie hier in diesem Auszug – auf die Übersetzung von Victor Millet und Alberto Montaner (2013) zurückgegriffen, was einzelne Abweichungen im Wortlaut erklärt.

ungebräuchlich; die im 13. Jh. gebildete Konjunktion *aunque* wurde ab dem 15. Jh. im Bereich der Konzessivität die dominierende Konjunktion (ib.).

Einen Sonderfall stellt die Konjunktion *que* (< lat. QUID) dar, da sie im Altspanischen eine ganze Reihe subordinierender Funktionen besaß (ib., 17):

kompletiv:	*huebos vos es que lidiedes a guisa de varones* ('es ist nötig, dass ihr wie Männer kämpft'; *Cid*, 3563)
konsekutiv:	*tantos avemos de averes que no son contados* ('wir haben so viel Besitz, dass man ihn nicht zählen kann'; *Cid*, 2529)
konzessiv:	*que los descabecemos nada non ganaremos* ('wenn wir sie auch köpfen, gewinnen wir nichts damit'; *Cid*, 620)
kausal:	*A mis fijas sirvades que vuestras mugieres son* ('Meinen Töchtern dient, weil sie eure Frauen sind'; *Cid*, 2581)
konditional:	*Soltariemos la ganancia, que nos diesse el cabdal* ('wir würden auf die Zinsen verzichten, wenn er uns nur das Kapital gäbe'; *Cid*, 1434)

2.7.6 Wortschatz und Semantik

Im Bereich des Wortschatzes kam es im Lateinischen, insbesondere im spätantiken Vulgärlatein, zu einer ganzen Reihe von Veränderungen, Selektionen usw., die zu weiten Teilen die Gestalt des (alt-)spanischen Wortschatzes „erklären" (vgl. zum Folgenden v.a. Bollée 2002, 17–21; Bollée & Neumann-Holzschuh 2003, 28f.):

1. Vereinfachungen und interne Umbildungen des Wortschatzes:

a) Reduktion des Synonymenreichtums:

Das klassische Latein unterscheidet zwischen VIR 'Mann' und HOMŌ 'Mensch, Mann'. Das Vulgärlateinische und die romanischen Sprachen beschränken sich auf HOMŌ, HOMINEM > sp. *hombre*, it. *uomo*, frz. *homme* etc.

EQUUS ist im klassischen Latein das Reitpferd; daneben existiert CABALLUS 'Zugpferd, Arbeitspferd'; dieses Wort weist eine leicht pejorative Konnotation auf, vermutlich vor allem deswegen, weil es meistens ein kastriertes Pferd bezeichnete. In den romanischen Sprachen lebt nur eines dieser beiden Wörter weiter: CABALLUM > sp. *caballo*, pg. *cavalo*, it. *cavallo*, frz. *cheval*, rum. *cal* usw.

Im klassischen Latein existierte neben URBS ‘Stadt als Gesamtheit der Gebäude’ der Ausdruck CĪVITĀS ‘Bürgerschaft, Gesamtheit der Einwohner einer Stadt’. Im Spanischen sowie in den übrigen romanischen Sprachen blieb nur die letztgenannte Bezeichnung erhalten: CĪVITĀTEM > sp. *ciudad*, it. *città*, frz. *cité* usw.

b) Ersetzung neutraler, „farbloser“ Normalbezeichnungen durch plastischere, expressivere Wörter:

EDERE ‘essen’ → COMEDERE ‘aufessen’ > sp. *comer*, pg. *comer*

EDERE ‘essen’ wurde schon früh im Vulgärlatein durch die Präfixableitung COMEDERE ‘aufessen’ ersetzt, und zwar, weil es in den meisten Formen zu wenig Lautsubstanz besaß und zudem in einigen Formen mit ESSE homonym war (*est* ‘er ist/isst’).

FLĒRE ‘weinen’ → PLORARE ‘laut jammern’ > sp. *llorar*, pg. *chorar*, frz. *pleurer*

Auch bei diesem Wandel wirkte die geringe Lautsubstanz von FLĒRE in einigen Formen; so wurde im spätantiken Vulgärlatein das Paradigma im Präsens Indikativ Aktiv wie folgt verändert: *ploro*, *ploras*, *plorat*, *flemus*, *fletis*, *plorant* (anstatt klt.: *fleō*, *flēs*, *flet*, *flēmus*, *flētis*, *flent*).

PULCHER ‘schön’ → FORMOSUS ‘wohlgeformt’ > sp. *hermoso*, pg. *formoso*

c) Größere Anschaulichkeit und mehr Lautsubstanz bieten auch analytische Umschreibungen:

NUNC → HĀC HŌRA > asp. *agora*, pg. *agora* ‘jetzt’

HIEMS → HĪBERNUM TEMPUS > sp. *invierno*, pg., it. *inverno* ‘Winter’

Bei den Verben bieten vor allem die Intensivformen sowohl mehr Plastizität als auch einen größeren Lautkörper; darüber hinaus sind sie häufig auch regelmäßiger:

CANERE → CANTARE > sp. *cantar*, pg. *cantar*, it. *cantare*, frz. *chanter* ‘singen’ (CANTARE ist keine Bildung des (spätantiken) Vulgärlateins, sondern konkurrenzierte bereits in altlateinischer Zeit CANERE; vgl. Väänänen 2012, 80)

POSSE > *POTERE > sp. *poder*, pg. *poder*, it. *potere*

d) Mehr Expressivität und gleichzeitig mehr Lautsubstanz bringen auch die im Vulgärlatein äußerst beliebten affektiven Diminutivbildungen mit sich, die insbesondere bei Bezeichnungen für Körperteile und Tiere das Simplex ersetzen:

AURIS → AURICULA > sp. *oreja*, pg. *orelha*, frz. *oreille*, it. *orecchio* 'Ohr'
APIS → APICULA > sp. *abeja*, pg. *abelha*, frz. *abeille* 'Biene'

e) Bedeutungsveränderungen (oftmals wird eine konkrete durch eine abstrakte Bedeutung ersetzt, oder eine abstrakte tritt zu der ursprünglichen konkreten Bedeutung hinzu):

COMPREHENDERE 'anfassen, ergreifen' → 'begreifen, verstehen' > sp. *comprender*, pg. *comprender*, frz. *comprendre*, it. *comprendere*

SAPĔRE (vlt. *SAPÉRE) 'schmecken, riechen' → 'verstehen, wissen' > sp. *saber*, pg. *saber*, frz. *savoir*, it. *sapere*

f) In zahlreichen Fällen gab es das vom Vulgärlatein präferierte Wort bereits im Altlatein, was jedoch durch das klassische Latein „verdeckt" wird. So war etwa FĀBULĀRĪ (> sp. *hablar*) schon im 2. Jahrhundert v. Chr. der übliche Ausdruck für 'sprechen', wurde jedoch von klt. LOQUI überlagert.

2. Gräzisierung des lateinischen Wortschatzes:

Während der Kaiserzeit breitete sich im Römischen Reich das Christentum aus, was auf der sprachlichen Ebene die Aufnahme vieler griechischer Wörter ins Lateinische zur Folge hatte. Die Erklärung hierfür liegt in der Ausbreitung des Christentums: Es war von Palästina aus zunächst in den griechischsprachigen östlichen Teil des Römischen Imperiums getragen worden, und nach Rom kam es mit Einwanderern aus dem Osten, die entweder Griechen waren oder das Griechische als Verkehrssprache benutzten. Dies ist auch der Grund dafür, warum der überwiegende Teil der christlichen Terminologie griechischen Ursprungs ist. Sehen wir uns hierzu einige Beispiele an:

BAPTIZARE 'taufen' > sp. *bautizar*
EPISCOPUS 'Aufseher' > 'Bischof' > sp. *obispo*
EVANGELIUM 'frohe Botschaft' > 'Evangelium' > sp. *evangelio*
ANGELUS 'Bote' > 'Engel' > sp. *ángel*
DIABOLUS 'Widersacher' > 'Teufel' > sp. *diablo*

Zur Bezeichnung des Gebäudes, in dem die Christen sich versammelten, um ihre Gottesdienste abzuhalten, konnte man natürlich nicht länger das lat. TEMPLUM verwenden, denn die Tempel waren ja den heidnischen Göttern der Römer geweiht. So entlehnte man gleich zwei Wörter aus dem Griechischen:

ECCLESIA > sp. *iglesia*, pg. *igreja*, it. *chiesa*, frz. *église* usw.

BASILICA > sp. *basílica*, pg. *basílica* etc.

Auch das griechische Wort *parabolē* 'Vergleichung, Gleichnis' ist ins Lateinische eingedrungen: Das lateinische PARABOLA begegnet schon bei Seneca als rhetorischer Terminus mit der Bedeutung 'Vergleich, Ähnlichkeit'. Von den christlichen Autoren wird es für die Beispiele, die Gleichnisse Jesu gebraucht; PARABOLA nimmt somit die Bedeutungen 'Beispiel, Gleichnis, Parabel' an. Die Bedeutungsentwicklung geht dann weiter über 'Wort Christi' zu 'Wort' im Allgemeinen, und in dieser Bedeutung verdrängt PARABOLA schließlich überall in der Romania das klt. Wort für 'Wort', das VERBUM lautet:

PARABOLA > sp. *palabra*, pg. *palavra*, it. *parola*, frz. *parole* etc.

Das Griechische war im Westteil des Römischen Imperiums jedoch keineswegs nur im religiös-kirchlichen Wortschatz präsent, sondern vielmehr genoss es auch im profanen Bereich große Popularität, was primär darauf zurückzuführen ist, dass das Griechische im östlichen Teil des Römischen Reiches die dominante Sprache, die *lingua franca*, war und dass auch im lateinischsprachigen Westen viele gebildete Römer das Griechische als Zweitsprache beherrschten. Die Beliebtheit des Griechischen zeigt sich nicht zuletzt auch darin, dass viele griechische Ausdrücke ins Lateinische übernommen wurden, für die es im Lateinischen bereits Äquivalente gab. Derartige Entlehnungen, denen keine Bezeichnungsnotwendigkeit zugrunde liegt, sondern die lediglich als Übernahmen von gerade in Mode befindlichen Ausdrucksweisen einzuordenen sind, werden als *Luxus-* oder *Modelehnwörter* bezeichnet (vgl. hierzu sowie zum Folgenden Kiesler 2006, 91).

Beispiele:

klassisch-lateinisch:	griechisch >	vulgärlateinisch >	spanisch:
ictus 'Schlag, Stoß'	*kólaphos*	COLAP(H)US	*golpe*
lapis 'Stein'	*pétra*	PETRA	*piedra*
fūnis 'Seil'	*chordē*	CHORDA 'Schnur'	*cuerda*
gladius 'Schwert'	*spáthē*	SPATHA	*espada*
avunculus 'Onkel mütterlicherseits'	*theĩos*	THIUS 'Onkel'	*tío*
amita 'Tante väterlicherseits'	*theĩa*	THIA 'Tante'	*tía*
vultus 'Gesicht'	*kára*	CARA	*cara*

Entlehnungen, für die es im Lateinischen keine genauen Entsprechungen gibt, bezeichnet man als *Bedürfnislehnwörter*. Zu dieser Gruppe von Gräzismen zählen etwa die folgenden Beispiele (vgl. hierzu Kiesler 2006, 91f., der weitere Beispiele anführt):

gr. *pápyros* > PAPYRUS > kat. *paper* > sp. *papel* 'Papier'
gr. *chártēs* 'Papyrusblatt, -rolle' > CHARTA > sp. *carta* 'Brief'
gr. *kochliárion* 'Löffel' > COCHLEAR, COCHLEARIUM > sp. *cuchara*

2.8 Texte mit Kommentar

Wie wir schon erfahren haben, ist die Übergangszeit vom 6. bis zum 11. Jh. dadurch gekennzeichnet, dass das Frühromanische weitestgehend auf den mündlichen Bereich beschränkt ist, während das Lateinische vor allem die Sprache des schriftlichen Ausdrucks ist (nach der maurischen Eroberung zu Beginn des 8. Jh. kommen in *Al-Andalus* das Arabische und das Hebräische als Schriftsprachen hinzu). Bis zum 10. Jh. begegnet das Romanische nur sporadisch in schriftlichen Dokumenten, was vor allem auf mangelnde Bildung oder Unachtsamkeit des jeweiligen Schreibers zurückzuführen sein dürfte. Gegen Ende des 10. und insbesondere im 11. Jh. treten dann die ersten durchgängig romanischsprachigen Texte auf. Im Folgenden wollen wir uns einige Zeugnisse dieses Frühromanisch im Hinblick auf sprachliche Auffälligkeiten ansehen.

2.8.1 *Nodicia de kesos* (10. Jh.)

Das älteste (kontinuierlich) volkssprachliche Zeugnis aus dem spanischen Sprachgebiet ist die *Nodicia de kesos* ('Käsenotiz'). Dabei handelt es sich um eine Inventarliste der Käselaibe, die an die Mönche des Klosters San Justo y Pastor in Rozuela (bei León) ausgeteilt wurden. Der Text, der sich auf der Rückseite einer Schenkungsurkunde befindet, wird überwiegend in das letzte Viertel des 10. Jh. datiert (vgl. Menéndez Pidal 1980, 24f.; Fernández Catón et al. 2003); demgegenüber geht Ariza (2004a, 310) von einer Entstehung im 11. Jh. aus. Bei der Sprache dieses Dokuments, dessen Original im Archiv der Kathedrale von León aufbewahrt wird, handelt es sich nicht um das ansonsten im schriftlichen Bereich verwendete (juristische bzw. literarische) Latein, sondern der Text zeigt uns in Teilen eine frühe Form des leonesischen Dialektes, enthält gleichzeitig aber auch Ausdrücke, die eindeutig nicht romanisch, sondern lateinisch sind. Die Notiz, die den Eindruck vermittelt, ganz spontan aufgeschrieben worden zu sein, lautet folgendermaßen (nach der Edition von Fernández Catón et al. 2003):

> Nodicia de / kesos que / espisit frater / Semeno: In Labore / de fratres In ilo ba- / celare / de cirka Sancte Ius- / te, kesos U; In ilo / alio de apate, / II kesos; en que / puseron ogano, / kesos IIII; In ilo / de Kastrelo, I; / In ila uinia maiore, / II; / que lebaron en fosado, / II, ad ila tore; / que baron a Cegia, / II, quando la talia- / ron Ila mesa; II que / lebaron Leione; II / [es folgt eine Passage, die fast gänzlich unverständlich ist; S.B.] alio ke le- / ba de sopbrino de Gomi / de do…a…; IIII que espi- / seron quando ilo rege / uenit ad Rocola; / I qua Salbatore ibi uenit.

Die sprachliche Analyse dieses Textes erlaubt den Schluss, dass der Schreiber Latein schreiben wollte, jedoch über keine ausreichenden Kenntnisse in dieser Sprache verfügte. Dies belegen die zahlreichen Romanismen, Hyperkorrektismen und weiteren Fehler. Eindeutig romanisch sind die Formen *kesos* (lat. *caseos*), *puseron* (lat. *posiverunt*), *lebaron* (lat. *levaverunt*) und *mesa* (lat. *mensa*). Bei *apate* (lat. *abbate*) handelt es sich um einen Hyperkorrektismus: Der Schreiber wusste zwar, dass an den Stellen, wo in der Volkssprache /b/ gesprochen wird, das Lateinische üblicherweise ein /p/ hat, er kannte in diesem Fall jedoch nicht die korrekte lateinische Form *abbate*. Auch die Schreibung *sopbrino* (lat. *sobrinus*) lässt sich vor diesem Hintergrund erklären. Ebensowenig war unserem Schreiber bewusst, dass die lateinische Form von *nodicia notitia* lautet. In einigen Fällen lässt sich nicht mit Sicherheit sagen, ob wir es mit einer lateinischen oder einer romanischen Form zu tun haben. So könnte etwa *uinia* einerseits lateinisch sein, andererseits könnte die Schreibung *ni* aber auch für ein palatales /ɲ/ stehen. Eindeutig lateinsch sind hingegen *cirka* (sp. *cerca*), *alio* (das Spanische verwendet hier *otro* < lat. *alteru* 'der andere, der zweite') und *uenit* (sp. *ẏino*) (vgl. hierzu Ariza 2004a, 318f.).

Besonders aufschlussreich ist die Verwendung des Ausdrucks *bacelare* mit der Bedeutung 'neu gepflanzter Weinberg, Weingarten' (< lat. *bacillum* 'kleiner Stab, Stöckchen; Weinranke'). Sowohl Corominas und Pascual als auch Lapesa gehen von einer Entlehnung aus dem Galicisch-Portugiesischen aus, und zwar wegen der Reduktion des lateinischen Doppelkonsonanten *-ll-* zu *-l-*, die das *galego-português* kennzeichnet (vgl. Ariza 2004a, 319). Ariza (ib.) weist jedoch darauf hin, dass diese Annahme keineswegs zwingend ist, denn ebenso wie das Graphem <r> in *tore* (s.o. Zeile 4) für den multiplen Vibranten /rr/ steht, könnte hier <l> für den lateinischen Doppellaut *ll* stehen (unabhängig davon, ob <l> hier als alveolares /l/ oder als palatales /ʎ/ realisiert wurde). Für die Autochthonität von *bacelare* spricht nachdrücklich das Faktum, dass die Form *bacillar* in der Bedeutung 'neu gepflanzter Weinberg' nach Auskunft der Sprachgeographie ausschließlich in dem östlichen Streifen des ehemaligen leonesischen Sprachgebiets (León, Zamora, Salamanca) vorkommt, jedoch nicht auf kastilischem Sprachgebiet, noch nicht einmal in den an den leonesischen Sprachraum angrenzenden Randgebieten (vgl. Morala Rodríguez 2008, 2028, Fußn. 23), und bei der *Nodicia* haben wir es ja mit einem leonesisch geprägten Text aus León zu tun.

Was die Syntax anbelangt, so ist diese eindeutig romanischen Charakters, was vor allem am Gebrauch der Artikel und des Relativpronomens *que* zu sehen ist (vgl. Ariza 2004a, 319).

2.8.2 *Glosas emilianenses* (10./11. Jh.)

Wie wir oben in 2.6 schon erfahren haben, war man sich in Nordspanien um das Jahr 1000 bewusst, dass das im schriftlichen Bereich tradierte Latein und das im Alltag gesprochene Romanisch zwei verschiedene Sprachformen darstellen. Das Schriftlatein wurde nicht mehr beziehungsweise nur noch dann verstanden, wenn es mit zusätzlichen Erklärungen versehen war. Diese Worterklärungen und anderen Verständnishilfen werden als *Glossen* bezeichnet (von lat. *glossa* 'erläuternde Bemerkung' < gr. *glossa* 'Zunge; Sprache'). Die *Glosas emilianenses*, die wir im Folgenden näher betrachten wollen, finden sich in einer Handschrift aus der Zeit um 900 mit Predigten, die dem Kirchenvater Augustinus zugschrieben werden. Der Kodex stammt aus dem Kloster *San Millán de la Cogolla* in der Rioja und wird heute in der *Academia de Historia* in Madrid aufbewahrt (von dem Namensbestandteil *San Millán* leitet sich die Bezeichnung *Glosas emilianenses* ab). Hinsichtlich der Datierung der Glossen herrscht in der Forschung Uneinigkeit, wobei die Vorschläge von der Mitte des 10. Jh. bis zum letzten Viertel des 11. Jh. reichen (vgl. Torrens Álvarez 2007, 202f.; Bustos Tovar 2004b, 304). Die enorme sprachhistorische Bedeutung dieses Zeugnisses steht jedenfalls außer Frage (vgl. Bustos Tovar 2004b, 304): Die berühmte, rein romanischsprachige Gebetsformel *Cono ajutorio…*, die am Rande des lateinischen Textes der Handschrift zu finden ist, gilt als erste bewusste Hervorbringung eines Textes in ibero-romanischer Sprache – Dámaso Alonso spricht diesbezüglich vom „primer vagido de la lengua española“ (ib., 299). Von der älteren *Nodicia de kesos* lässt sich dies keinesfalls sagen, denn der Schreiber dieser Notiz wollte ja – wie bereits betont wurde – nicht Romanisch, sondern Latein schreiben. Es kommt hinzu, dass die Käsenotiz von vielen Autoren nicht als Text im eigentlichen Sinn, sondern lediglich als eine Auflistung betrachtet wird (vgl. etwa Bustos Tovar 2004b, 304, Fußn. 20).

Kontrovers diskutiert wird neben der Datierung auch die Frage, welchem ibero-romanischen Idiom die *Glosas emilianenses* zuzuordnen sind, wobei für das Aragonesische und das Altriojanische plädiert wurde. Da die Glossen neben Elementen aus diesen beiden Dialekten aber auch Ausdrücke aus dem Kastilischen und Navarresischen enthalten, ist davon auszugehen, dass wir es mit einer Art *Koiné*, also einer überregionalen Sprachform, zu tun haben, die aus Bestandteilen verschiedener ibero-romanischer Varietäten besteht (vgl. Bustos Tovar 2004, 304). Für diese Annahme sprechen auch die beiden folgenden Faktoren (ib.):

1. Die Rioja bildete im Mittelalter eine sprachliche Übergangszone, denn der riojanische Dialekt, der nach der Kastilianisierung der Region im 12. und 13. Jh. verschwand, zeigte Gemeinsamkeiten sowohl mit dem Kastilischen als auch mit dem Aragonesischen.
2. Im 10. und 11. Jh. gab es keine genauen Abgrenzungen zwischen den Dialekten und diese besaßen auch noch nicht in allen Fällen ein fixiertes Formeninventar, wenngleich sich die allgemeinen Entwicklungstendenzen schon sehr klar abzeichneten.

Sowohl die Worterklärungen als auch die grammatischen Hilfestellungen, die die *Glosas emilianenses* enthalten, erlauben die Schlussfolgerung, dass sie für Unterrichtszwecke, genauer gesagt für den Lateinunterricht, dienten. Es lässt sich jedoch nicht mit Sicherheit sagen, ob dies die einzige oder die Hauptfunktion der Glossen war (vgl. Bustos Tovar 2004b, 302, 305; Bollée & Neumann-Holzschuh 2003, 57).

Im Folgenden wollen wir uns einige Beispiele aus dem großen Korpus der 1007 *Glosas emilianenses* sowie den vollständigen Wortlaut der besagten Gebetsformel ansehen (vgl. hierzu v.a. Bustos Tovar 2004b, 297ff.). Die emiliannensischen Glossen enthalten neben romanischen auch lateinische Erklärungen, was belegt, dass es in jener Zeit neben dem gehobenen Schriftlatein ein mündliches Latein der Klöster gab. Schließlich finden sich in den *Glosas emilianenses* auch zwei baskische Glossen, was dafür spricht, dass der Glossator auch baskische Schüler hatte. Wir beschränken uns in der folgenden Darstellung jedoch auf Beispiele für romanische Glossen, die in der Regel aus Einzelwörtern, mitunter aber auch aus Syntagmen oder Sätzen bestehen.

Glossen:

Lateinisch:	romanische Glosse:	modernes Spanisch:
repente	*lueco*	*luego*
suscitabi	*lebantai*	*levanté*
suscitabi	*lebantaui*	*levanté*
submersi	*trastorne*	*trastorné*
sentiat	*sepat*	*sepa*
caracterem	*seingnale*	*señal*
impendit	*tienet*	*tiene*
feni	*ierba*	*hierba*
ibis	*iras*	*irás*
tu ipse est	*tu eleisco jes*	*tú mismo eres*
talia plura conmitunt	*tales muitos fazen*	*muchas tales (cosas) hacen*
deducimus te	*nos lebartamus*	*te llevaremos*
et repluimur	*nos emplirnosamus*	*nos llenaremos*
non resurgit	*non se uiuificarat*	*no se vivificará*

Gebetsformel:

Cono ajutorio de nuestro dueno Christo, dueno Salbatore, qual dueno get ena honore, e qual dueno tienet ela mandatjone cono Patre, cono Spiritu Sancto, enos sieculos delo sieculos. Facanos Deus omnipotes tal serbitjo fere ke denante ela sua face gaudioso segamus. Amen.

Erläuterungen:

dueno 'Herr' < lat. DŎM(Ĭ)NU(S) (sp. *dueño*)

qual dueno = *el dueño que*

get = *jet* < lat. EST (die diphthongierten Formen sind dialektal; s.u.)

ena honore 'in der Ehre' < lat. IN ILLA HONORE

tienet < lat. TĔNET

ela mandatjone 'die Macht' < lat. ILLA MANDATIONE (*mandatio* ← *mandāre*)
cono patre 'mit dem Vater' < lat. CON ILLO PATRE
enos sieculos 'in den Jahrhunderten' < lat. IN ILLOS SAECULOS
enos sieculos delo(s) sieculos: übersetzt lat. *in saecula saeculorum* 'auf die Ewigkeiten der Ewigkeiten' (diese Ausdrucksweise wurde nach dem Muster des hebräischen Superlativs, des sog. paronomastischen Intensitätsgenitivs, gebildet, was keineswegs ungewöhnlich ist, da das christliche Latein zahlreiche Hebraismen aufgenommen hat; Erklärung: der Kirchenvater Hieronymus (ca. 345–420 n. Chr.) hat im Rahmen seiner völlig neuen Übersetzung der Bibel (die den Namen *Vulgata* erhielt) den Text des *Alten Testaments* – abgesehen von den Psalmen – ausschließlich anhand des hebräischen Urtextes übersetzt)
facanos basiert auf lat. *FACAT statt FACIAT (sp. *haga*)
serbitio < lat. SERVITIUM (sp. *servicio*)
fere < *FAIRE < lat. FACERE (sp. *hacer*)
ke = sp. *que* 'dass' < lat. QUID (asp. Varianten: *qued, ket, ke*)
denante 'vor' < *de* + *inante* (*inante* < lat. IN ANTE 'in vor')
denante > sp. *delante* 'vorn' (also eingentlich DE IN ANTE 'von in vor')
ela sua face 'sein Angesicht' < lat. ILLA SUA FACIE
segamus = *sejamus* < lat. SEDEĀMUS (<g> ist die hier übliche Schreibung für [j]; s.u.).

Die Übertragung der Gebetsformel ins Deutsche ergibt (vgl. Bollée & Neumann-Holzschuh 2003, 58):

> „Mit der Hilfe unseres Herrn, Herrn Christus, Herrn (und) Retters, welcher Herr ist in der Ehre, und welcher Herr die Macht hat, mit dem Vater, mit dem Heiligen Geist, in alle Ewigkeit. Lasse uns Gott der Allmächtige solchen Dienst tun, dass wir vor seinem Antlitz fröhlich seien."

Die *Glosas emilianenses* und die Gebetsformel zeigen in Lautung, Morphologie und Syntax bereits einige Entwicklungen, die für das Frühromanische bzw. Altspanische charakteristisch sind.

A) Lautung:

1. Die Diphthongierung von vlt. /ɛ/ zu /ie/ und von vlt. /ɔ/ zu /ue/, wenn /ɛ/ und /ɔ/ in betonter Silbe auftreten: *ierba* (< lat. HERBA(M)), *tienet* (< lat. TENET), *dueno* (< lat. DOMINU(M)), *nuestro* (< lat. NOSTRU(M)). Zu dieser Diphthon-

gierung kommt es im Kastilischen, im Asturisch-Leonesischen und im Aragonesischen, nicht jedoch im Galicisch-Portugiesischen und im Katalanischen. Im Kastilischen sind von dieser Entwicklung beispielsweise die lateinischen Formen EST und ET ausgenommen (spanisch: *es*, *y*). Die in den Glossen auftretenden diphthongierten Formen *jet* (< lat. ET) und *jet* (< lat. EST) sind dem Aragonesischen zuzuordnen, da diese Diphthongierung in diesem Dialekt üblich ist (vgl. Bustos Tovar 2004b, 299f.).

2. Bestimmte Konsonantengruppen werden vereinfacht. So wird etwa *gn* zu palatalem /ɲ/ (*ñ*): *seingnale* (< lat. SIGNU(M)). Wie an unserem Beispiel zu sehen ist, kann dieses /ɲ/ in der Graphie durch <ingn> wiedergegeben werden (zur Graphie s.u.).

3. Die Lautsequenzen *-ct-* und *-ult-* werden zu *-it-* bzw. *-uit-* sonorisiert: *feito* (< lat. FACTU(M)), *muito* (< lat. MULTU(M)). Schon jetzt sei darauf hingewiesen, dass ausschließlich im Kastilischen eine weitere Entwicklungsstufe folgt; hier palatalisiert das *i* das nachfolgende *t*, so dass aus der Verbindung [-it-] die Affrikate [-tʃ-] entsteht (*feito > hecho*, *muito > mucho* usw.).

4. Eine weitere Auffälligkeit ist das Suffix *-ero*, wie etwa in *terzero*. Diese Form ist über die Zwischenformen **terzairo* und **terzeiro* aus lat. TERTIARIU entstanden und zeigt somit die Monophthongierung von *ai/ei* zu *e*, zu der es beispielsweise im Galicisch-Portugiesischen nicht gekommen ist.

B) Morphologie und Syntax:

1. Formen, wie *iras* und *lebartamus*, zeigen schon die romanische Futurbildung bestehend aus dem Infinitiv des Vollverbs und einer konjugierten Form des Hilfsverbs *haber*: *iras < ir + has*, *lebartamus < levarte + hemos* (die Form *lebartamus* zeigt die im Altspanischen bei Futur- und Konditionalformen anzutreffende Mesoklise, d.h. den Einschub des unbetonten Personalpronomens zwischen Verbstamm und Endung; im modernen Spanisch: *te llevaremos*).

2. In den Glossen stoßen wir auf drei unterschiedliche Entwicklungsstufen der Perfektbildung: die lateinische Form *lebantaui*, die Zwischenstufe *lebantai* und die romanische Form *trastorne* (*trastorné*), die die oben bereits erwähnte Monophthongierung des Diphthongs *ai* zu *e* zeigt (vgl. Lapesa 2008, 144).

3. Abbau der lateinischen Kasus und Artikelverwendung: *de nuestro dueno Christo*; *enos sieculos delo sieculos*. Die Glosse *qui...pauperibus*: *qui dat a los*

misquinos ('wer den Armen gibt') zeigt den für das Romanische typischen Ausdruck des Dativs mittels einer Präpositionalkonstruktion. In den etwas später datierten *Glosas silenses* (aus dem Kloster *Santo Domingo de Silos*, südöstlich von Burgos; Gesamtzahl der Glossen: 368) finden wir die Genitivkonstruktion *de las tierras* für lat. *terrarum*. Ebenso wie im Bereich der Lautung gibt es auch in der Grammatik einzelne Formen, die eindeutig nicht kastilisch sind, so etwa die Artikelformen *elo*, *eno* und *cono*, die aragonesischen bzw. riojanischen Ursprungs sind (vgl. Bustos Tovar 2004b, 301).

4. Romanische Reflexivkonstruktionen sind bereits ausgebildet: *non se uiuificarat*; *nafregarsan* (mit Mesoklise des unbetonten Pronomens *se*, 'se ahogarán').

5. Das synthetische Passiv des Lateinischen wird durch analytische Formen oder aktivische Ausdrücke ersetzt: *et repluimur – nos emplirnosamus*; *igni comburatur – kematu siegat* (*Glosas Silenses*; modernes Spanisch: *sea quemado*).

6. Die Glossen, die aus einem Satz bestehen, zeigen den Wechsel von der im Lateinischen bevorzugten Satzgliedanordnung SOV zu der in den romanischen Sprachen dominierenden Serialisierung SVO (z.B.: *qui dat a los misquinos*).

Was die Graphie anbelangt, so ergab sich das Problem, dass es in der romanischen Volkssprache Laute gab, die das Lateinische nicht kannte. Die Glossen vermitteln jedoch nicht den Eindruck, dass man diese Hürde hier zum ersten Mal zu bewältigen hatte, sondern vielmehr lassen einige Indizien vermuten, dass sich in den klösterlichen Schreibstuben schon gewisse Konventionen bezüglich der graphischen Wiedergabe der neuen Laute etabliert hatten (vgl. Bustos Tovar 2004b, 300; Dietrich & Geckeler 1993, 156). So werden etwa die Diphthonge durchgehend graphisch wiedergegeben, <g> steht vor *e*, *i* ebenso wie <i> und <j> für [j] (*get* = *jet* < lat. EST, *tu siedes*, *plus majus*), wobei <g> mitunter auch vor anderen Vokalen diesen Laut repräsentiert (vgl. *segamus* = *sejamus* < lat. SEDEAMUS); die Schreibungen <ingn>, <gn> und <in> stehen für [ɲ] (*seingnale* 'señal', *pugna* [puña], *uergoina* [vergoña] 'vergüenza'); <is>, <isc> werden für [ʃ] verwendet: *laiscaret* [laʃaret] 'dejare', *eleiso* [eleʃo] (< lat. ILLE IPSU(M)) (vgl. Dietrich & Geckeler 1993, 156, Fußn. 18). Diese Ansätze repräsentieren „unos primeros tanteos por parte del glosador en la adopción de un sistema de escritura para su lengua vernácula romance" (Carrera de la Red (1992, 595) zit.

bei Bustos Tovar 2004b, 300), von einer einheitlichen Schreibung war man zu dieser Zeit jedoch noch weit entfernt.

2.8.3 Mozarabische *jarchas* (11./12. Jh.)

Zu den ältesten Sprachdenkmälern des Spanischen zählen auch die spärlichen Zeugnisse des Mozarabischen, die größtenteils aus dem 11. und 12. Jh. stammen. Neben Glossaren und Glossen in arabischen Werken zur Botanik, Medizin und Pharmakologie sind hier in erster Linie die *jarchas* zu nennen. Der Ausdruck bezieht sich auf die Schlussstrophen arabischer und hebräischer Strophengedichte, die – im Unterschied zum Haupttext des Gedichts, der in klassischem Arabisch oder in Hebräisch geschrieben ist, – im volkssprachlichen dialektalen Arabisch von Al-Andalus oder in Mozarabisch verfasst wurden, wobei zu betonen ist, dass die mozarabischen *jarchas* bis auf zwei Ausnahmen auch Ausdrücke der arabischen Volkssprache von Al-Andalus enthalten (vgl. Hilty 2007b, 419f.; id. 2007c, 433).[32] Von den mehr als 600 erhaltenen Strophengedichten werden etwa 90 Prozent mit rein arabischen *jarchas* beendet und nur rund 10 Prozent weisen eine *jarcha* mit mozarabischen Elementen auf (vgl. Hilty 2007c, 433). Dies ist nicht zuletzt auch deshalb besonders hervorzuheben, weil in hispanistischen Grundlagenwerken oftmals suggeriert wird, die *jarchas* seien grundsätzlich in Mozarabisch geschrieben. Ebensowenig sind die *jarchas* durchweg in den Mund von Frauen gelegt, dies trifft allerdings auf die meisten von ihnen, d.h. auf ca. 80 Prozent, zu (ib., 438).

Die Entzifferung der *jarchas* ist mit großen Schwierigkeiten verbunden, was in der Forschung zu einer Vielzahl von – teilweise sehr unterschiedlichen – Lesarten geführt hat (vgl. etwa Hilty 2007c, 434). Hierfür lassen sich zwei Hauptgründe nennen: Zum einen sind die *jarchas* in arabischer oder hebräischer Schrift geschrieben, was bedeutet, dass lediglich die Konsonanten, jedoch nicht die Vokale wiedergegeben sind, so wie es in diesen beiden semitischen Spra-

[32] Die in der spanischsprachigen Welt übliche Bezeichnung *jarcha* leitet sich von arab. *ḫarǧa* 'Ausgang' (Plural: *ḫaraǧāt*) ab, einer Bildung zum Verbalstamm *ḫaraǧa* 'herauskommen, -gehen; vorspringen'. Das Strophengedicht wird *muwaššaḥ* (Plural: *muwaššaḥāt*) genannt (im Spanischen: *muasaja* oder auch *moáxaja*).

chen im Allgemeinen üblich ist (die in hebräischer Schrift verfassten *jarchas* zeigen jedoch in vielen Fällen Vokalzeichen; vgl. Ariza 2004b, 224). Zum anderen sind diese Gedichte ausschließlich in sehr späten Abschriften überliefert. Die älteste Handschrift stammt vermutlich aus dem 17. Jh., was bedeutet, dass die *jarchas* über einen Zeitraum von rund 500 Jahren immer wieder gelesen und kopiert wurden, und zwar von Schreibern, die über keine Kenntnisse des Mozarabischen verfügten und daher bei der Abschrift teilweise Fehler gemacht haben (vgl. Hilty 2007b, 429; id. 2007c, 434; Ariza 2004b, 224). Bei den mozarabischen *jarchas*, die in hebräischen *muasajas* enthalten sind, sieht die Situation hingegen deutlich besser aus, da die ältesten Kopien schon im 12. Jh. angefertigt wurden (vgl. Hilty 2007c, 434).

Als älteste *jarcha* gilt die folgende, die sich in einem Strophengedicht des hebräisch schreibenden Dichters Yosef al-Katib findet, das in die erste Hälfte des 11. Jh. datiert wird. Der Text der *jarcha* sowie die Übersetzung ins moderne Spanisch werden nach Dietrich & Geckeler (1993, 158) wiedergegeben, die sich auf Heger (1960) stützen (zu anderen Interpretationen vgl. etwa Ariza 2004b, 224f.):

Tant' amáre, tant' amáre,	Tanto amar, tanto amar,
habīb, *tant' amáre,*	amigo, tanto amar,
enfermaron welyoš gayos	enfermaron ojos (antes) alegres
e dolen tan male.	y que (ahora) sufren tan grandes males.

Bei der sprachlichen Analyse fällt zunächst einmal auf, dass sowohl das auslautende *-e* des lateinischen Infinitivs als auch das finale *-e* in *male* erhalten sind. In *welyoš* finden wir die für das Frühromanische charakteristische Entwicklung von *-k'l-* (lat. *oc(u)los*) zum palatalen Lateral [ʎ] (geschrieben *-ly-*) sowie die Diphthongierung des offenen lateinischen /ɔ/ der Tonsilbe zu [we], die das Kastilische vom Galicisch-Portugiesischen und Katalanischen, die diesen Lautwandel nicht zeigen, unterscheidet. Im Unterschied zum Kastilischen kommt es im Mozarabischen offensichtlich auch dann zur Diphthongierung, wenn ein Palatallaut folgt (vgl. etwa lat. *noctem* > kastil. *noche*, lat. *teneo* > kastil. *tengo* vs. lat. *porta* > kastil. *puerta*, lat. *terra* > kastil. *tierra*; siehe hierzu v.a. auch Ariza 2004b, 210). Ob die Diphthongierung im Mozarabischen weitverbreitet oder nur ein sporadisch auftretendes Randphänomen war, ist in der Forschung umstritten, in den *jarchas* überwiegen jedenfalls Formen ohne Diphthongierung (s.o. im vierten Vers *dolen* anstatt *duelen*; vgl. Ariza 2004b, 210).

Das einzige nicht-romanische Wort, das uns in dieser *jarcha* begegnet, ist das arabische *habīb*, das 'Geliebter, Liebhaber' bedeutet und in sehr vielen arabischen und auch hebräischen *jarchas* verwendet wird (Menéndez Pidal nennt die *jarchas*, die diese Form enthalten, „cancionillas de habib"; vgl. Tagliavini 1998, 393, Fußn. 80).

Die zweite *jarcha*, die wir uns ansehen wollen, stammt von einem anonymen arabischen Dichter, die romanischen Elemente sind kursiv gedruckt (vgl. Tagliavini 1998, 393):

Amān, yā ḥabībi!	Erbarmen, o mein Geliebter!
al-waḥš *no me farás.*	(zu einer) Verlassenen sollst du mich nicht machen.
Bon, beža ma bokella:	Schöner, küss mein Mündchen:
eo sé que te no irás.	ich weiß, dass du nicht gehen wirst.

Im Unterschied zum Kastilischen und in Konvergenz mit dem Galicisch-Portugiesischen, Asturisch-Leonesischen, Aragonesischen und Katalanischen bleibt das initiale *f* des Lateinischen im Mozarabischen erhalten, wie die Verbform *farás* im zweiten Vers zeigt (vgl. hierzu auch Ariza 2004b, 215; Bollée & Neumann-Holzschuh 2003, 52). Das Adjektiv *bon* (< lat. BON(UM) 'gut'), das ebenso wie *dolen* in der zuerst behandelten *jarcha* nicht die für das Kastilische charakteristische Diphthongierung zeigt, erscheint hier in der Bedeutung 'Schöner' (sp.: *bonito, guapo*). Auffällig ist ferner die Aussprache von *bežar* mit dem stimmhaften präpalatalen Sibilanten /ž/, wie im entsprechenden portugiesischen Wort *beijar*. Die Stellung der Negationspartikel zwischen dem unbetonten Objektpronomen und dem Verb (*que te no irás*) ist im Altspanischen üblich. Im arabischen Teil begegnet uns wieder der Ausdruck *habīb*, *yā* ist eine Interjektion und entspricht unserem *o!* (*oh!*), *amān* steht für 'Sicherheit; Ruhe; Verzeihung; Gnade', *al* ist der bestimmte Artikel und *waḥš* bedeutet 'verlassen; allein'.

Insgesamt gesehen zeigt das Mozarabische in sprachlicher Hinsicht eine größere Nähe zum Galicisch-Portugiesischen und Asturisch-Leonesischen einerseits und zum Aragonesischen und Katalanischen andererseits als zum gemeinhin als „progressiv" geltenden Kastilischen (vgl. Bollée & Neumann-Holzschuh 2003, 52). Daher wird das Mozarabische häufig als Bindeglied zwischen den romanischen Idiomen des Westens und des Ostens der Iberischen Halbinsel betrachtet, welches durch die Expansion des Kastilischen in den Süden im Zuge der Reconquista beseitigt wurde (ib.).

Während man bezüglich der Haupttexte der *muasajas* davon ausgeht, dass sie von einem konkreten, namentlich belegten Autor verfasst wurden, wird hinsichtlich der romanischen *jarchas* von einigen Forschern postuliert, dass sie Relikte einer älteren mozarabischen Volks- bzw. Frauenlyrik darstellen (zu dieser kontroversen Diskussion vgl. Hilty 2007c). Wenn dies zutreffen sollte, dann wären die mozarabischen *jarchas* die frühesten Zeugnisse einer volkssprachlichen Lyrik in Europa, die lange Zeit vor der anspruchsvollen, „intellektuellen" provenzalischen Troubadourlyrik existierte (vgl. Tietz 2001, 19). In jedem Falle steht jedoch fest, dass die *jarchas* für die Geschichte des Romanischen der Iberischen Halbinsel von großer Bedeutung sind, nicht zuletzt auch deshalb, weil sie ein Zeugnis der *convivencia* der drei Bevölkerungsgruppen mit ihren jeweiligen Sprachen und Kulturen (Christen, Araber und Juden) im mittelalterlichen Spanien darstellen.

3. Das Altspanische I: Ende 12./Anfang 13. Jahrhundert

3.1 Geschichtlicher Hintergrund

Das Ende des Kalifats (1031) hat eine grundlegende Veränderung der machtpolitischen Verhältnisse auf der Iberischen Halbinsel zur Folge: Von nun an geht die militärische Initiative von den christlichen Reichen im Norden der Halbinsel aus, die bis zur Mitte des 13. Jahrhunderts die meisten arabisch besetzten Gebiete wieder zurückerobern und damit auch das Kastilische in den Süden tragen: 1236 wird Córdoba eingenommen, 1248 Sevilla und 1265 Cádiz (vgl. Bollée & Neumann-Holzschuh 2003, 59; siehe hierzu auch oben 2.5.1).

Das Romanische breitet sich jedoch nicht nur geographisch aus, es beginnt auch, sich immer mehr gegenüber dem Lateinischen durchzusetzen. Zwar erlangt das *romance* bereits im 11. und 12. Jahrhundert immer mehr Bedeutung (s.o. 2.6), doch der eigentliche Sprachausbau setzt in Spanien erst zu Beginn des 13. Jahrhunderts ein. Der in der Sprachwissenschaft als *Ausbau* bezeichnete Prozess umfasst eine Erweiterung der sprachlichen Ausdrucksmöglichkeiten, wozu vor allem die Ausweitung der syntaktischen Strukturen sowie lexikalische und semantische Variation und Präzision zählen (intensiver Ausbau); das auf diese Weise funktional „bereicherte" Romanisch kann dann – anstelle des Lateinischen – in ganz unterschiedlichen Diskurstraditionen verwendet werden (extensiver Ausbau; vgl. Koch & Oesterreicher 2011, 136; Bollée & Neumann-Holzschuh 2003, 62). Neben dem 1206 zwischen den Königreichen León und Kastilien geschlossenen Vertrag von Cabreros stellt das auf Kastilisch geschriebene Heldenepos *Cantar de Mio Cid*, das erste große literarische Werk, den ersten durchgängig auf Romanisch verfassten Text dar (vgl. Bollée & Neumann-Holzschuh 2003, 62).

3.2 Text mit Kommentar: *Cantar de Mio Cid*

Im Folgenden wollen wir uns einen Ausschnitt aus dem *Cantar de Mio Cid* (auch: *Poema de Mio Cid*) im Hinblick auf die sprachlichen Merkmale näher ansehen. Dieses große Werk des spanischen Mittelalters, das nach neuerer Auffassung zu Beginn des 13. Jh. entstanden ist, bildet den Auftakt der volkssprachlichen Literatur in Spanien und markiert gleichzeitig das Ende der Vorausbauphase (vgl. Bollée & Neumann-Holzschuh 2003, 62). Der *Cantar de Mio Cid* ist das einzige Werk der mittelalterlichen spanischen Heldenepik, das uns (fast) vollständig in einer Handschrift überliefert ist. Es umfasst 3730 Verse, in denen die Heldentaten des historisch bezeugten Rodrigo (Kurzform: Roy (Ruy)) Díaz de Vivar, eines Vasallen des Königs Alfons VI. von Kastilien, geschildert werden, der zeitweilig auf der Seite eines maurischen Fürsten kämpfte, was seinen arabischen Ehrentitel *El Cid* 'der Herr' erklärt. Er wurde 1043 in dem nördlich von Burgos gelegenen Ort Vivar in Altkastilien (*Castilla la Vieja*) geboren, hatte 1094 Valencia erobert und ist dort 1099 gestorben. Das Wort *Cantar* ist wörtlich zu nehmen, denn diese Epen wurden von professionellen Spielleuten, den *juglares*, auf Jahrmärkten, Kirchweihfesten usw. unter musikalischer Begleitung in einer Art Sprechgesang vorgetragen (*mester de juglaría* 'Spielmannsdichtung') (ib., 62f.).

Aus sprachhistorischer Sicht ist besonders bemerkenswert, dass dieser Text, wenn man von lexikalischen Schwierigkeiten absieht, für einen heutigen Spanier durchaus verständlich ist, während etwa vergleichbare altfranzösische und mittelhochdeutsche Texte französischen und deutschen Lesern sehr viel mehr Probleme bereiten bzw. zu weiten Teilen nicht verstanden werden. Abweichungen vom modernen Spanisch finden sich vor allem in Phraseologie, Syntax und Wortschatz, jedoch kaum im Bereich der Morphologie. Was die Lautung betrifft, so ergeben sich im Vergleich zum heutigen Spanisch bei den Vokalen kaum Divergenzen, wogegen im Konsonantismus größere Unterschiede festzustellen sind.

Hier nun der Auszug aus dem Epos (Verse 2429–2441), den wir analysieren wollen (vgl. hierzu sowie zum Folgenden vor allem Urrutia Cárdenas/Segura Munguía/Pueyo Mena 1995, 197–239 sowie Pharies 2007, 79–101):

„Con estas ganançias yas ivan tornando;
sabet, todos de firme robavan el campo.
A las tiendas eran llegados con el que en buena nasco.
Mio Çid Roy Diaz, el Campeador contado,
con dos espadas que él preçiava algo
por la matança vinía tan privado,
la cara fronzida e almófar soltado,
cofia sobre los pelos fronzida della yaquanto.

De todas partes sos vassallos van llegando;
algo vidie mio Çid de lo que era pagado,
alçó sos ojos, estava adelant catando,
e vido venir a Díago e a Fernando,
amos son fijos del comde don Gonçalvo.“

***Con*:** von lat. CUM. Wortfinales *m*, das im Lateinischen schon im 1. Jh. v. Chr. zum Schwund tendierte, fällt beim Übergang zum Altspanischen in mehrsilbigen Wörtern i.d.R. aus. Bei einsilbigen Wörtern bleibt es in einigen Fällen als /n/ erhalten (neben *con* z.B. auch in *quien* < QUEM und *tan* < TAM), in anderen wird es eliminiert (z.B. *ya* < IAM, *so* < SUM).

***estas*:** von lat. ISTĀS. Die Demonstrativpronomina der Serie ISTE, ISTA, ISTUD bezogen sich im klassischen Latein auf den Hörer bzw. den Hörerbereich (‘der da’). Bereits im Vulgärlateinischen ersetzten diese Formen jedoch die Pronomina HIC, HAEC, HOC, die für Referenten in der Nähe des Sprechers verwendet wurden (‘dieser’). Die aus ISTE, ISTA, ISTUD hervorgegangenen asp. Formen *este, esta*, *esto* setzen diese Entwicklung fort. Für den Hörerbereich wurden die Pronomina *ese*, *esa*, *eso* verwendet, die sich von den lateinischen Formen IPSE, IPSA, IPSUM (‘selbst, derselbe’) ableiten, die im klassischen Latein zur Betonung der personalen Identität dienten (siehe hierzu auch oben in 2.7.5).

***ganançias*:** Das Wort, das im modernen Spanisch für ‘Ertrag; Gewinn’ und hier für ‘Beute’ steht, ist eine Ableitung vom Verb *ganar* mittels des Suffixes *-ançia*, das auf dem lateinischen *-antia* beruht. Wie wir oben in 2.7.4.1 bereits erfahren haben, entwickelt sich unbetontes /i/ im Vulgärlatein im Hiatus zu Jot [j], d.h. das klassisch-lateinische dreisilbige *-an-ti-a* wandelt sich zum zweisilbigen vulgärlateinischen *-an-tja*. Dieses Jot bewirkt nun seinerseits eine Palatalisierung des unmittelbar vorangehenden /t/. Unter Palatalisierung versteht man die Verschiebung des Artikulationsortes zum vorderen (harten) Gaumen, der Palatum genannt wird. In unserem Fall wird das ursprünglich dental gebildete /t/ nun palatal realisiert, also nach hinten verschoben. Diese Palatalisierung wird in der Notation üblicherweise durch ein Apostroph angezeigt: *t’*. Wir erhalten somit die Form [ant’ja]. Auf die Palatalisierung folgt eine Assibilierung (Wandel eines Lautes in einen Zischlaut (Sibilant), wie etwa /s/, /z/, /ʃ/, /ʒ/ usw.), genauer gesagt entwickelt sich das palatale [-t’j-] zu der sibilantischen Affrikate [-ts-], die im Mittelalter durch das Graphem <ç> dargestellt wird. Im Rahmen der norma-

len, erbwörtlichen Entwicklung ergibt sich somit die Form *-ança* [antsa] (vgl. hierzu beispielsweise unten die Form *matança*). Bei dem Suffix *-ançia* in unserer Form *ganançia*, welches das Jot bewahrt hat, haben wir es hingegen mit einem Semikultismus zu tun, der auf den Einfluss des klassischen Lateins zurückzuführen ist. Während der Spätantike wurde mitunter bei Wörtern mit dem Nexus *t* + *i* + Vokal aus metrischen Gründen die im klassischen Latein gegebene Dreisilbigkeit wiederhergestellt, so wurde etwa *gratia*, für das inzwischen infolge der Assibilierung von *-tj-* zu *-ts-* die Aussprache [grátsa] verbreitet war, wieder zu [grá-tsi-a]. Dies erklärt, warum unter den spanischen Wörtern bzw. Morphemen, die auf ein lateinisches Etymon mit dem Nexus *t* + *i* + Vokal zurückgehen, einige den Halbvokal *j* aufweisen (wie etwa *palacio*, *espacio*), andere hingegen nicht (wie z.B. *plaza*, *pozo*) (vgl. Lüdtke 1964, 20, Fußn. 22).
***yas*:** Bei dieser Form handelt es sich um eine Zusammensetzung des Adverbs *ya* (< lat. IAM) mit der apokopierten Form des Pronomens *se* (*ya se*).
***(se) ivan*:** Diese Verbform ist aus der entsprechenden lateinischen Form *ibant* (3. Person Plural Imperfekt Indikativ des Verbs *īre*) hervorgegangen. Das auslautende lateinische *t* fällt im Altspanischen aus, ebenso lat. [-d] und [-k] (lat. AD > *a*, lat. DĪC > *di*). Als Konjugationsendung bleibt das finale *t*, zumindest in der Graphie, bis zum 12. Jh. erhalten: lat. FĀBULAT > *hablat* > *habla* (vgl. Pharies 2007, 92). Auffällig ist ferner der Wandel von lat. <b> [b] zu asp. <v> [β]. Der Hintergrund dieser Entwicklung stellt sich wie folgt dar: Im Lateinischen wurde der Halbkonsonant [w], der <v> geschrieben wurde und uns z.B. in lat. QVANDO ['kwando:] begegnet, ursprünglich als labiovelarer Frikativ realisiert, wie etwa auch [w] in engl. *water*. Schon frühzeitig hat dieser Laut sein velares Element verloren (Develarisierung) und wurde als bilabialer Frikativ [β] artikuliert. Da zudem im Vulgärlateinischen aus dem bilabialen Okklusiv [b] in intervokalischer Position der bilabiale Frikativ [β] entstand, ergab sich eine identische Aussprache von *-v-* und *-b-* als [β]. Infolgedessen kam es in der Schreibung bereits in lateinischer Zeit zu Vertauschungen von <v> und <b> (Betazismus), und daher ist es auch nicht verwunderlich, dass im frühen Altspanischen das Graphem <v> zur Wiedergabe des Lautes [β] verwendet wird, der für ein lateinisches <b> steht, wie etwa in unserer Verbform *ibant* > asp. *ivan*. Gleichzeitig

trifft man im Altspanischen auch auf die Schreibung <b> für ein auf lateinisches [w] zurückgehendes [β].

***sabet*:** von vlt. SAPETE (2. Person Plural Imperativ Präsens). Als Ausgangsbasis ist nicht das klt. *sápĕre*, sondern vielmehr das vlt. *sapére* anzusetzen, da es im Vulgärlateinischen häufig zur Vermischung von Konjugationsklassen kam, und dabei u.a. das ursprünglich zur konsonantischen Konjugation (3. Konjugation) gehörende *sapĕre* der *e*-Konjugation (2. Konjugation) zugeschlagen wurde (s.o. 2.7.5). Ausgehend vom vlt. *sapete* ist für das Altspanische die folgende Entwicklung anzusetzen: *sapete* > *sabede* > *sabed/sabet* > *saβed*. Zunächst erfolgte im Altspanischen die für die westromanischen Sprachen charakteristische Sonorisierung der beiden intervokalischen stimmlosen Okklusivlaute /p/ und /t/ zu /b/ und /d/ (s.o. 2.7.4.2). Ab dem 10./11. Jh., d.h. nach Abschluss des Sonorisierungsprozesses, fällt das finale *e* nach den meisten einfachen Konsonanten aus: *sabede* > *sabed*. Nach dem Ausfall des *e* gerät das *d* in finale Position, wobei ebenso wie auch im modernen Spanisch eine Neutralisierung von auslautendem /d/ und /t/ gegeben ist, die das im Altspanischen zu beobachtende Schwanken zwischen den Graphemen <d> und <t> in diesem Kontext erklärt.

***de firme*:** Hier ist *modo* bzw. *manera* zu ergänzen, *de modo/manera firme* = *con firmeza, firmemente*.

***robavan*:** von vlt. RAUBABANT. Der Diphthong *au̯* wurde im Vulgärlateinischen zu einem geschlossenen *o* monophthongiert.

***eran llegados*:** Die Konstruktion entspricht dem modern-spanischen *habían llegado* (Plusquamperfekt Indikativ). Ebenso wie etwa im Französischen (*ils étaient venus*) und Italienischen (*sono arrivati*) konnten im Altspanischen bei intransitiven und reflexiven Verben die zusammengesetzten Tempora mit dem Hilfsverb *ser* gebildet werden (s.o. 2.7.5).

***buena*:** Hier ist das Substantiv *hora* zu ergänzen: *el que en buena hora nasco*.

***nasco*:** 3. Person Singular des *pretérito indefinido* von *nacer* (< vlt. NASCERE), wobei zu beachten ist, dass wir es hier mit einer „starken" Perfektform zu tun haben, d.h. der Akzent liegt im Unterschied zur modern-spanischen Form *nació* nicht auf der Endung, sondern auf dem Stammvokal (*násco*).

***Çid*:** von arab. *sid* 'Herr'.

Roy**:** Kurzform zum Personennamen *Rodrigo*, der germanischen Ursprungs ist: *Rodrigo* < *Rodericus* < germ. *Hroths-riks* (< germ. *hruod* 'Ruhm' + germ. *rīhhi* 'Herrschaft; Herrscher; Macht; reich; mächtig; hoch').

Campeador**:** Adjektiv, das mittels des Suffixes *-dor* vom Verb *campear* abgeleitet wurde, das modern-spanischem *guerrear* 'Krieg führen; kämpfen' und *estar en campaña* 'auf dem Feldzug sein' entspricht. Das qualifizierende Adjektiv fungiert hier als Teil des Namens.

contado**:** steht hier für modern-spanisches 'llamado, designado' und bildet zusammen mit *el Campeador* eine Apposition zu *Mio Çid Roy Diaz*.

preçiava**:** 'apreciaba'; von vlt. PRETIARE.

algo**:** 'etwas'; geht zurück auf das lateinische Indefinitpronomen *aliquis*, *aliqua*, *aliquod* 'irgendjemand; etwas'; *algo* basiert auf der Neutrumform *aliquod*: [ạlikwod] > [aliko] > [aligo] > [algo]. Bezüglich der Artikulation des labiovelaren Lauts [kw] <qu> ist im Lateinischen seit ältester Zeit eine Tendenz zur Eliminierung des labialen Nachlauts [w] festzustellen (vgl. Tagliavini 1998, 191; Väänänen 1967, 53; Rohlfs 1968, 96), die sich im Romanischen fortsetzt (vgl. etwa Rheinfelder 1953, 171; Rohlfs 1968, 97). Wie wir oben bei der Behandlung der Verbform *(se) ivan* schon erfahren haben, fällt wortauslautendes lateinisches *d* im Altspanischen aus, so dass sich die Form [aliko] ergibt, die sich nach der Sonorisierung des intervokalischen Okklusivs /k/ zu [aligo] wandelt. Da der nachtonige Vokal beim Übergang vom Lateinischen zum Altspanischen entfällt, verändert sich diese Form zu [algo].

matança**:** 'Töten; Schlachten; Gemetzel'; Zusammensetzung aus *matar* + Suffix *-ança* (vgl. hierzu oben *ganançias*).

vinía**:** von lat. VENIEBAT. Im Unterschied zu *robavan* (< vlt. RAUBABANT) und *preçiava* (< vlt. PRETIABAT), weist *vinía* nicht die Entwicklung *-b-* > *-v-* auf, was dadurch zu erklären ist, dass das intervokalische lateinische *b* nur zwischen identischen Vokalen (*-aba-*) erhalten blieb, während es in allen übrigen Fällen ausfiel: *-eba-* > *-ea-* > *-ía-*; *-iba-* > *-ía-*.

privado**:** von lat. PRIVĀTUS 'persönlich; eigen'.

fronzida**:** Partizip Perfekt von *fruncir* 'runzeln; kräuseln', das vermutlich eine Entlehnung von frz. *froncer* 'runzeln; kräuseln' darstellt.

almófar**:** 'Panzerhaube, -kappe'; von hispano-arabisch *mágfar* (arab. *mígfar*).

cofia: 'Haube'; von splt. COFIA, bei dem es sich um eine Entlehnung von ahd. *kupphja* handelt.

pelos: Pluralform zu *pelo* < lat. PILUM; Entwicklung: *pilum* > *pilu* > *pelo*.

della: Verschmelzung der Präposition *de* mit dem Pronomen *ella*.

yaquanto: Indefinitpronomen ('etwas'), das sich von *cuanto* (< lat. QUANTUM) ableitet.

sos: von lat. SUŌS, Akkusativ Plural des lateinischen Possessivpronomens *suus* (*sua, suum*). Die heutige Form *sus* basiert hingegen auf der femininen Form *suās*.

vassallos: 'Gefolgsmann'; von kelt. **vassallos* < *vassos* 'Diener' (vgl. mlat. *vas(s)alus*).

van: von lat. VADUNT (> **vant*). Im Präsens Indikativ wurden im Altspanischen fast alle Formen von *ire* durch Formen von *vadere* ersetzt (vgl. *voy, vas*...vs. *ía, ías*...; *iré, irás* usw.; s.o. 2.7.5).

vidie: von lat. VIDĒBAT.

lo: von lat. ILLUD, dem Neutrum Singular des Demonstrativpronomens *ille, illa, illud*.

pagado: 'zufrieden; befriedigt'; von lat. PĀCĀTUM, Partizip Perfekt von *pācāre* 'befrieden, zum Frieden bringen'.

alçó: 3. Person Singular des *pretérito indefinido* von *alzar* '(er-)heben' (< vlt. ALTIARE).

ojos: von lat. OCULŌS. Entwicklung: *okulōs* > [ɔk'los] > [ɔjlos] > [oʎos] > [oʒos]. Durch den Ausfall des nachtonigen *-u-* entsteht die Konsonantenverbindung *-cl-* [kl]. Infolgedessen kommt es zu einer Assimilation des velaren [k] an das alveolare [l], d.h. der Artikulationsort von [k] verschiebt sich nach vorne, in den palatalen Bereich, wodurch dieser Laut sich schließlich dem palatalen Halbvokal [j] annähert. Beim Zusammentreffen von [j] und [l] kommt es zu einer weiteren Assimilation, denn das [l] erfährt durch den Einfluss von [j] eine Palatalisierung und so entsteht der palatale Lateral [ʎ]. Dieses aus dem lateinischen intervokalischen [-kl-] hervorgegangene /ʎ/ bleibt in allen iberoromanischen Idiomen erhalten (im Asturianischen erfolgt allerdings eine Reduktion zu /j/ (*ueyo*)), lediglich im Kastilischen entwickelt es sich zu dem präpalatalen Frikativ /ʒ/ weiter (dieser wandelt sich im 16./17. Jh. über die Zwischenstufe des stimmlosen präpalatalen Frikativs /ʃ/ zu dem stimmlosen velaren Frikativ /χ/ (*ojos* [oχos])).[33] Zu beachten ist ferner, dass sich das aus dem kurzen lateinischen [o] entstandene offene [ɔ] durch den Einfluss des [j] zu einem geschlossenen [o] wandelt, weshalb die im Kastilischen übliche Diphthongierung des tontragenden offenen *o* zu *ue* ausbleibt.

estava: von lat. STĀBAT (3. Person Imperfekt Indikativ von *stāre*). Wörtern, die mit *s* + Okklusiv (sog. „*s-impurum*") anlauten, wurde bereits im Vulgärlateinischen ein [i] (sog. „prothetisches i") vorangestellt, das sich später zu [e] öffnete: [stabat] > [istaβa] > [estaβa]. Durch die Voranstellung des Vokals wird der in artikulatorischer Hinsicht schwierige Übergang vom *s* zum folgenden Okklusivlaut vereinfacht, weil das *s* dadurch an das Silbenende (Silbenkoda) gerückt wird. Auch im modernen Spanisch tritt im Silbenanlaut nie die Sequenz *s* + Okklusiv auf, da auch bei Entlehnungen aus anderen Sprachen mit anlautendem *s-impurum* stets ein prothetischer Vokal ergänzt wird, z.B. it. *spaghetti* > sp. *espagueti*; engl. *stress* > sp. *estrés*.

adelant: Dieses Adverb, das lokative und temporale Funktion haben kann, beruht auf dem Adverb *denante* (< lat. DE + INANTE (IN + ANTE)), das uns bereits in den *Glosas emilianenses* begegnete (s.o. 2.8.2). Im Rahmen einer Dissimilation ('Unähnlichmachung') der beiden Nasale im Hinblick auf größere Deutlichkeit wurde aus dem ersten /n/ ein /l/. Der so entstandenen Form *delante* wurde zum einen die Präposition *a* (< lat. AD) vorangestellt, und zum anderen wurde das wortfinale *e* apokopiert (s.o. bei *sabet*). In der Zeit von *Alfonso X el Sabio* wurde dieses *e* wieder angefügt.

catando: von lat. CAPTĀRE 'greifen; streben; nach etwas jagen', Intensivum zu lat. CAPERE 'ergreifen; nehmen; erwerben; fassen'. Neuschäfer (1964) übersetzt *estava adelant catando* einfach mit „blickte nach vorn" (s.u.), besser wäre hier beispielsweise: „hielt den Blick unablässig nach vorn gerichtet", „schaute unablässig nach vorn" oder „blickte gebannt nach vorn".

---

[33] Es sei daran erinnert, dass die hier skizzierte Entwicklung nur für das aus lat. [-kl-] entstandene [ʎ] gilt, jedoch keineswegs für [ʎ] generell. So ist beispielsweise das auf *initialem* lateinischem *pl-*, *kl-*, *fl-* basierende [ʎ] nicht betroffen, vgl. z.B. lat. *clave* > sp. *llave* ['ʎaβe] (s.o. 2.7.4.2).

***vido*:** 3. Person Singular des *pretérito indefinido* von *ver* (stammbetonte Perfektform).

Díago: männlicher Vorname (< Didago < Didacum); die heutige Form lautet *Diego*, da sich [ja] zu [je] entwickelt hat (entsprechend der für das Kastilische charakteristischen Diphthongierung des tontragenden offenen *e* des Lateinischen, vgl. etwa lat. *terra(m)* > sp. *tierra*).

Fernando: männlicher Vorname germanischen Ursprungs (< *Fridenandus* < *Frithu-nanth* < got. **frith* 'Schutz vor Waffengewalt, Friede' + got. *nanth* 'Kühnheit'). *Díago* und *Fernando* fungieren hier als Subjekt des von *vido* abhängigen Infinitivs *venir*: *e vido venir a Díago e a Fernando*. Wenn der subordinierte Infinitiv kein direktes Objekt bei sich hat, dann erscheint im Altspanischen dessen Subjekt, das gleichzeitig direktes Objekt des Hauptverbs ist, üblicherweise ohne Präposition. In diesem Passus des Epos treffen wir hingegen auf die präpositionale Konstruktion, wie wir sie auch im modernen Spanisch haben.

***amos*:** vom lateinischen Adjektiv *ambō* 'beide (zusammen)'. Der Konsonantennexus *mb* blieb in einigen iberoromanischen Idiomen, wie etwa im Portugiesischen, im Riojanischen und im Mozarabischen, erhalten, in anderen erfolgte eine Assimilation zu *mm* bzw. *m* (so z.B. im Katalanischen, Aragonesischen und Leonesischen). Im Altkastilischen gab es beide Tendenzen, das heutige normsprachliche *ambos* ist auf die leonesische Form zurückzuführen, die sich unter dem Einfluss des lateinischen *ambō* im Kastilischen etablieren konnte.

***fijos*:** von lat. FĪLIŌS (Akkusativ Plural zu FĪLIUS). Entwicklung: *fīliōs* > [filjos] > [fiʎos] / [hiʎos] > [fiʒos] / [hiʒos]. Das im Hiatus auftretende [i] (*fi-li-ōs*) wandelt sich zu [j], wodurch das voranstehende [l] eine Palatalisierung zu [ʎ] erfährt. Es folgt der als *rehilamiento* bezeichnete Prozess, der aus dem [ʎ] den stimmhaften präpalatalen Frikativ [ʒ] entstehen lässt (s.o. 2.7.4.2).[34] Schon

[34] Dieser Frikativ wird später entsonorisiert und wird so zum stimmlosen präpalatalen Frikativ [ʃ], der im 17. Jh. zum stimmlosen velaren Frikativ [χ] weiterentwickelt wird, wie wir ihn auch noch heute im Spanischen vorfinden: *hija* [iχa]. Ein diesem altspanischen *rehilamiento* nahestehender Lautwandel lässt sich im modernen Spanisch der *La-Plata*-Region beobachten, da sich hier das aus dem palatalen Lateral [ʎ] hervorgegangene [j] zu [ʒ] und schließlich zu [ʃ] entwickelt hat, was diesen Raum von den übrigen Gebieten der Hispano-

im 10. Jh. tendiert das initiale lateinische [f] dazu, sich zu [h] zu wandeln. In der Schreibung hält sich das *f-* jedoch noch bis ins 15. Jh., als in der Graphie das noch heute übliche *h-* generalisiert wurde. Ob im *Cantar* bezüglich *fijos* von einer Realisierung mit [f] auszugehen ist oder lediglich „konservative" Graphie vorliegt, lässt sich nicht mit Gewissheit sagen.

***comde*:** von lat. COMITEM, Akkusativ Singular zu COMES 'Begleiter', das sich im mittelalterlichen Feudalsystem zu einem Adelstitel entwickelte. Lautentwicklung: *comite(m)* > [komide] > [konde] / [kwende] > [konde]. Nach der Sonorisierung des intervokalischen Okklusivs *-t-* zu *-d-* fällt das nachtonige *i* aus. Auch wenn *comde* mit *m* geschrieben wird, so ist doch davon auszugehen, dass der Nasal vor dem folgenden Dentallaut nicht bilabial, sondern alveolar, also als [n], realisiert wurde. Man vergleiche hierzu die Verhältnisse im modernen Spanisch: Bei Wörtern, die am Ende mit *m* geschrieben werden, wie etwa *referéndum, tándem, álbum, ultimátum*, wird dieser Nasal grundsätzlich als [n] ausgesprochen, also [ulti'matun] etc. Warum sich anstatt der diphthongierten Form [kwende] die nicht-diphthongierte Form [konde] schließlich durchgesetzt hat, konnte bislang noch nicht überzeugend erklärt werden. Möglicherweise handelt es sich bei der nicht-diphthongierten Form um einen Semikultismus, was auch bei *homine(m)* der Fall sein könnte. In den *Glosas emilianenses* ist die der „normalen" Lautentwicklung entsprechende Form *uemne* belegt, doch schließlich behauptet sich die nicht-diphthongierte Form *omne*, aus der im Zuge einer komplexen Lautentwicklung die Form *hombre* entsteht (zur Entstehung der Formen *hombre* und *nombre* s.o. in 2.7.4.2; vgl. hierzu auch Urrutia Cárdenas/Segura Munguía/Pueyo Mena 1995, 40, 234).

***don*:** von lat. DOMINUM (Akkusativform zu DOMINUS 'Herr'). Aus dem lateinischen *dominum* entsteht im Altspanischen normalerweise die Form *dueño*: *dominu(m)* > *domnu* > *dueño*. Das tontragende offene *o* wird zu *ue* diphthongiert und das nachtonige *i* fällt aus. Zudem kommt es zu einer Assimilation von *m* an *n*, und die dadurch entstehende Geminata *-nn-* wird zu [ɲ] <ñ> palatalisiert. Wenn *dominu* nicht als Einzelwort steht, sondern Teil einer festen syntaktischen Gruppe ist, wie etwa in unserem Beispiel, wo es als Apposition bzw. Ehrentitel

---

phonie abhebt. Vgl. etwa im argentinischen Spanisch: *calle* [kaje] > [kaʒe] (*žeísmo*) > [kaʃe] (*šeísmo*).

vor dem Eigennamen *Gonçalvo* erscheint, dann entwickelt es sich zu *don*, was sich folgendermaßen erklären lässt: Eine feste Wortgruppe, wie etwa *dòm(i)no Cár(o)los*, wird in prosodischer Hinsicht als Einheit behandelt, d.h. es gibt nur einen Hauptton, der auf der vorletzten Silbe des den Mitteilungsschwerpunkt bildenden Elements (hier des Eigennamens *Cárlos*) liegt. Da das ansonsten den Hauptton tragende *o* in *dóm(i)no* nun also lediglich einen Nebenton aufweist, kommt es in diesen Fällen nicht zur Diphthongierung desselben zu *ue*. Das finale *o* in *dom(i)no*, das im Normalfall erhalten bleibt, wird innerhalb dieser Syntagmen wie ein vortoniges *o* behandelt und fällt aus (siehe etwa auch: **uno bueno chico* > *un buen chico*; **mio libro* > *mi libro*). Dieser Unterschied zwischen dem Auftreten eines lexikalischen Elements als Einzelwort und als Bestandteil einer festen syntaktischen Gruppe ist die Ursache für die im Altspanischen zu beobachtende Bildung von Dubletten, wie *conde/cuende*, *doña/dueña* usw.

***Gonçalvo*:** männlicher Eigenname germanischen Ursprungs (germ. *Gunthis* > *Gundisalvo* > *Gonçalvo* > *Gonzalo* > *González*).

Übersetzung ins Deutsche (nach Hans-Jörg Neuschäfer, 1964, 185):
„Mit ihrer Beute kehrten sie nun zurück. Resolut, wisset, raubten sie, was da auf dem Schlachtfeld war. Zu den Zelten waren sie gekommen mit dem, der zu guter Stunde geboren wurde, meinem Cid Ruy Diaz, dem weitberühmten Campeador. Mit zwei Schwertern, die er hochschätzte, eilte er schnell durch das Blutbad, nur mit der Sturmhaube bedeckt, die Panzerkappe gelöst, die Haube, ein wenig gefaltet, über den Haaren. Von überall her treffen seine Vasallen ein. Da sah mein Cid etwas, was ihn mit Befriedigung erfüllte. Er erhob seine Augen und blickte nach vorn und sah Diego und Fernando daherkommen; beide sind Söhne des Grafen Don Gonzalo."

4. Das Altspanische II: Das alfonsinische Spanisch (13. Jh.)

4.1 Geschichtlicher Hintergrund

Im vorangehenden Kapitel haben wir erfahren, dass der *Cantar de Mio Cid* in der Sprachgeschichte des Spanischen den ersten durchgängig auf Romanisch verfassten literarischen Text darstellt. Diese Heldengesänge, die Spielleute dem einfachen Volk vortrugen, konnten auch gar nicht anders als in der romanischen Volkssprache in Erscheinung treten, wenn sie ein breites Publikum erreichen wollten, denn die große Mehrheit der Bevölkerung bestand aus ungebildeten Analphabeten, die kein Latein verstanden. Auch die Gebildeten sprachen Romanisch, doch im schriftlichen Bereich griffen sie nach wie vor überwiegend auf das Lateinische zurück. Die besondere Bedeutung des 13. Jahrhunderts für die Sprachgeschichte des Spanischen liegt darin, dass nun das Spanische (Kastilische) in zunehmendem Maße in schriftliche Textgattungen vordringt, die traditionell dem Lateinischen vorbehalten waren.

Bis zum Beginn des 13. Jahrhunderts verwendeten die königlichen Kanzleien von Kastilien und León in ihren Urkunden ausschließlich das Lateinische. Unter Ferdinand III. (1217–1252) wurde bereits ein Großteil der Dokumente auf Kastilisch verfasst (vgl. Fernández-Ordóñez 2004, 383). Die Wiederbevölkerung (*repoblación*) der Extremadura führte zu zahlreichen Rechtsstreitigkeiten in Bezug auf Besitzverhältnisse und Grenzen, und da die Siedler größtenteils des Lateinischen nicht mächtig waren, verwandte die königliche Kanzlei in den diesbezüglichen Urkunden das Romanische (vgl. Berschin et al. 1995, 91). Unter Ferdinands Sohn, Alfons dem Weisen (1252–1284), wurde das Kastilische als Kanzleisprache generalisiert, nur der Schriftverkehr mit dem Ausland erfolgte weiterhin auf Latein. Dadurch wurde das Kastilische de facto zur Amtssprache des kastilisch-leonesischen Königreiches (vgl. Fernández-Ordóñez 2004, 383; Berschin et al. 1995, 91). Darüber hinaus hat Alfons X. Übersetzungen und Zusammenstellungen von historischen, wissenschaftlichen und juristischen Werken veranlasst, wodurch die Ausdrucksmöglichkeiten, die Genauigkeit und Flexibilität der kastilischen Prosa in hohem Maße zugenommen haben (vgl. hierzu Koch & Oesterreicher 2011, 225). Alfons X. führte die von Erzbischof Raimundo im 12. Jh. begründete Übersetzerschule von Toledo fort (deshalb wird oftmals auch von der zweiten Übersetzerschule von Toledo gesprochen). Unter Alfons dem Weisen kam es bei der Übersetzungstätigkeit jedoch zu einer Veränderung, die für den Ausbau des Spanischen (Kastilischen) von enormer Bedeutung war. In der ersten Toledaner Übersetzerschule von Raimundo fungierte das Kastilische nur als Medium: Der erste Übersetzer, in der Regel ein Jude, übertrug den jeweiligen Text mündlich aus dem Arabischen ins Kastilische, und der zweite Übersetzer, meistens ein Christ, übersetzte dann die kastilische Version ins Lateinische, und dieser lateinische Texte wurde schriftlich fixiert. In der Übersetzerschule von Alfons X. hingegen wird die Übersetzung ins Kastilische niedergeschrieben und man verzichtet zunehmend auf eine weitere Übertragung ins Lateinische. Dabei ließ Alfons X. deutlich ein bestimmtes Normbewusstsein erkennen, denn er selbst achtete darauf, dass die in seinem Umfeld produzierten Texte und Übersetzungen in einem *castellano drecho* („richtigem Kastilisch") verfasst wurden (in der Literatur findet sich für diese Sprachform auch die Bezeichnung *castellano alfonsí*). Die Herkunft dieses *castellano drecho* ist in der sprachhistorischen Forschung umstritten. Vielfach wird die Auffassung vertreten, dass es sich dabei um die Varietät von Toledo handele, was sich jedoch empirisch nicht belegen lässt (vgl. Torrens Álvarez 2007, 220f.). Verbreitet ist auch die These, derzufolge keine bestimmte Varietät als Norm ausgewählt wurde, sondern eine Ausgleichsform, eine nivellierende Norm geschaffen wurde, deren Grundlage das Altkastilische von Burgos darstelle, die darüber hinaus aber auch Einsprengsel aus dem Neukastilischen von Toledo sowie konservative Elemente mozarabischer Herkunft aufweise. Über das Maß des toledanischen Einflusses ist sich die Forschung jedoch nicht einig (vgl. Bollée & Neumann-Holzschuh 2003, 74f.). Fest steht jedenfalls, dass Alfons der Weise sein Ziel, das Kastilische in seinem Königreich nicht nur als Kanzleisprache, sondern auch als Sprache der Literatur und der Wissenschaften zu etablieren, erreicht hat:

> „Mit seiner Tätigkeit als Mäzen dieser zweiten Übersetzerschule von Toledo hat Alfonso el Sabio die Grundlage für die Entwicklung des Spanischen als universaler Kultursprache geschaffen. Von nun an war es möglich, über alle Gebiete des menschlichen Wissens auf Spanisch zu schreiben, auch über Naturwissenschaften und Mathematik, Gebiete, die bis dahin dem Lateinischen vorbehalten waren. Alfonso el Sabio schuf eine Art Enzyklopädie der Wissenschaften in der Volkssprache seines Königreiches, eine für seine Zeit revolutionäre Neuerung. Mit dieser Wendung hin zum Spanischen machte er das Wissen breiteren Schichten zugänglich; zugleich wurde allerdings die Verbreitung

> dieses Wissens in Europa behindert, weil die europäische Universalsprache Latein zurückgedrängt wurde.“ (Bossong 2007, 78)

Übersetzt wurde überwiegend aus dem Arabischen, wobei man von dem über weite Strecken friedlichen Zusammenleben von Christen, Moslems und Juden in Toledo profitierte (sog. *convivencia*). Bei den Übersetzungen arbeiteten überwiegend Christen und Juden zusammen. Letzteren kam dabei besondere Bedeutung zu, da sie neben dem Hebräischen und Kastilischen in der Regel auch das Arabische, das ebenso wie das Hebräische eine semitische Sprache ist, beherrschten (an den Übersetzungen wirkten teilweise aber auch Mozaraber, in einzelnen Fällen auch Moslems, mit). Durch die Übersetzungen wurde jedoch nicht nur bedeutendes arabisches und jüdisches Wissen im christlichen Europa bekannt, sondern auch mindestens ebenso bedeutendes griechisches und byzantinisches Gedankengut (z.B. Aristoteles, Euklid, Galen, Hippokrates), das im 8. und 9. Jh. in der Übersetzerschule von Bagdad ins Arabische übersetzt worden war, wobei in manchen Fällen die dort angefertigten Übersetzungen ins Arabische die einzigen Zeugnisse von Texten repräsentieren, deren griechische Originale verloren sind (vgl. Bossong 2007, 74ff.). Die Bedeutung der Übersetzerschule von Toledo für die europäische Kultur kann also gar nicht hoch genug veranschlagt werden. Seinem lebenslangen Bemühem um die arabische Kultur und Wissenschaft verdankt Alfonso übrigens auch seinen Beinamen *el Sabio*, was im Deutschen als ‘der Weise’ wiedergegeben wird, aber eigentlich ‘der Gelehrte’ bedeutet (vgl. Bossong 2007, 77).

Um die arabischen Abhandlungen im Kastilischen wiedergeben zu können, musste dessen Sprachstruktur, d.h. vor allem die Syntax und die Lexik, ausgebaut werden. Man orientierte sich diesbezüglich sowohl am Arabischen als auch am Lateinischen, wobei es in der Regel nicht zu einfachen Übernahmen aus diesen Sprachen kam, sondern vielmehr auf der Grundlage romanischer Grammatikkonstruktionen Entsprechungen zu lateinischen beziehungsweise arabischen Mustern geschaffen wurden. Das Kastilische des Toledaner Hofes erfuhr jedoch nicht nur im schriftsprachlichen Bereich eine enorme Verbreitung, durch die stetig voranschreitende Reconquista wurde es auch als gesprochene Sprache in den südlichen Teil der Halbinsel getragen.

4.2 Sprachliche Merkmale

4.2.1 Orthographie

Die Verschriftung des Kastilischen beruht auf dem lateinischen Alphabet, das durch die griechischen Buchstaben *k*, *y* und *z* sowie durch die drei folgenden neuen Grapheme ergänzt wurde: <ç> (aus dem westgotischen <z> entstanden), <ñ> (die Tilde ist aus einem ursprünglich über einem Buchstaben geschriebenen *n* anstelle eines nachfolgenden <n> hervorgegangen), <ch> (dieser Digraph wurde aus dem Französischen entlehnt, um den stimmlosen präpalatalen Frikativ [tʃ] graphisch abzubilden (vgl. hierzu sowie zum Folgenden vor allem Bollée & Neumann-Holzschuh 2003, 76ff.; Torrens Álvarez 2007, 168).

Hinsichtlich der schriftlichen Fixierung des Kastilischen stellte sich – wie wir oben in 2.8.2 bei der Behandlung der *Glosas emilianenses* bereits erfahren haben – das Problem, dass im Romanischen neue Laute entstanden waren, die es im Lateinischen nicht gab und für die somit im Lateinischen auch keine Grapheme existierten. Daher bestand beispielsweise bezüglich der Schreibung der dem Lateinischen unbekannten Diphthonge [jɛ] und [wə/wɛ] Unsicherheit (*tiempo* <timpo>, *tierra* <tirra>, *puesto* <pusto>). Oftmals entschied man sich für die einfachste Lösung, die lateinische Schreibung einfach beizubehalten. So wurden etwa das palatale [ɲ] und das palatale [ʎ], die das Lateinische entgegen der *opinio communis* sehr wohl kannte (s.o. 2.7.4.2), für die jedoch keine Grapheme vorhanden waren, durch die im lateinischen Etymon gegebene Doppelschreibung <nn> bzw. <ll> wiedergegeben: <anno>, <caballo>. Nun verhält es sich jedoch oftmals so, dass ein bestimmter spanischer Laut auf unterschiedliche lateinische Laute bzw. Lautverbindungen zurückgeht, was zu einer breitgefächerten Variation in der Schreibung führte. So existierten für /ɲ/ die Graphien <ni, nj, nn, gn> (z.B.: *senior* (< SENIOREM), *penna* (< PINNA), *cugnato* (< COGNATUM). Wie deutlich zu sehen ist, sind die Graphien dieser Beispiele etymologisch motiviert, daneben gab es aber für ein und dasselbe Wort auch Varianten (siehe z.B. *sennor* und *cunnado*). Insbesondere für den präpalatalen Sibilanten /ʃ/ gab es eine Vielzahl unterschiedlicher Schreibungen. Neben <x, sc, sç, s, ix> (*Ximena*, *Scemenez*, *Sçimeno*, *Simeno*, *Buixedo*) existierten für diesen

Laut auch noch die folgenden Grapheme bzw. Graphemkombinationen: <ss, isc, sci, is, iss, sz, ç, z, c, cs, ch>. Außerdem waren einige Grapheme mehrdeutig; so konnte etwa bei den Sibilanten ein Graphem sowohl für einen stimmhaften Zischlaut als auch für dessen stimmloses Pendant verwendet werden.

Diese vielen Varianten und Mehrdeutigkeiten in der Graphie widersprachen natürlich dem Bemühen des alfonsinischen Hofes, das *castellano drecho* als Kultur- und Wissenschaftssprache zu etablieren. Daher kam es im 13. Jahrhundert unter Alfons dem Weisen erwartungsgemäß auch im Bereich der Graphie zu einschneidenden Veränderungen. Durch die Festlegung und Systematisierung der Schreibungen bildete sich schließlich die *ortografía alfonsí* heraus, die in der Lage war, das phonologische System des Altkastilischen mit all seinen distinktiven Merkmalen abzubilden, und die bis Ende des 15. Jahrhunderts in Gebrauch war. Die wichtigsten Lösungen, für die man sich entschied, lassen sich wie folgt zusammenfassen (vgl. hierzu Bollée & Neumann-Holzschuh 2003, 77f.):

Schreibung:	**Lautung:**
Palatallaute:	
<ll>	/ʎ/
<nn> / <ñ>	/ɲ/
dentale Affrikaten:	
<z>	/dz/ (stimmhaft)
<ç> / <c> vor *e, i*	/ts/ (stimmlos)
ab dem 14. Jh. wird auch vor palatalem Vokal <ç> geschrieben, z.B.: *çerca, preçiosas* im *Conde Lucanor*	
Sibilanten:	
<ch>	/tʃ/ (*dicho*) (stimmlose präpalatale Affrikate)
<x>	/ʃ/ (*dixo*) (stimmloser palataler Sibilant)
<j, i> / <g> vor *e, i*	/ʒ/ (*fijo, coger*) (stimmhafter palataler Sibilant)
/z/ und /s/ bilden nur intervokalisch eine distinktive Opposition: <s> für *stimmhaftes* /z/ und <ss> für *stimmloses* /s/: *casa, esso*	
Vibranten:	
<r>	/r/ (einfaches *r*)
<rr>	/rr/ (multiples *r*)
im Anlaut wird oft <rr> geschrieben: *rey* oder *rrey*	

In den meisten Texten wird – zumindest im Inlaut – unterschieden zwischen:

<u, v>	für den stimmhaften Frikativ /v/ ([v] oder [β]) und
<b>	für den stimmhaften Okklusiv /b/

(Zur Vertauschung von /b/ und /v/ im Lateinischen und Altspanischen s.o. in 2.7.4.2 und 3.2)

Eine verlässliche Normierung der Orthographie wurde jedoch noch nicht erreicht:

> „Estos esfuerzos de regularización gráfica no tuvieron en ningún caso carácter normativo, ni siquiera dentro de la producción alfonsí, como lo demuestran los propios textos emanados del *scriptorium* regio: las variedades regionales de traductores y escribas, el mantenimiento por parte de estos últimos de determinados usos gráficos e, incluso, el gusto por la *variatio* hacen que ni siquiera estas obras sean perfectamente coherentes en su sistema de escritura." (Torrens Álvarez 2007, 168)

Dass in vielen Fällen eine eindeutige Zuordnung von Phonem und Graphem nicht gegeben war und weiterhin Alternanzen existierten, ist ferner auch den folgenden Umständen zuzuschreiben:

- neben den volkssprachlichen Formen gab es vielfach auch gelehrte Formen mit latinisierender Schreibung, wobei die lautliche Realisierung volkstümlich oder an das Lateinische angelehnt sein konnte: *segundo* / *secundo*, *gracia* / *gratia*, *ssanto* / *sancto*, *reynar* / *regnar* usw.;
- in Eigennamen und Wörtern biblischen Ursprungs alternierten die gelehrten Digraphen <ph>, <th> und <ch> mit <f>, <t> und <c>;
- es wird noch nicht zwischen <u> und <v> sowie zwischen <j> und <i> unterschieden;
- <y> kann sowohl für /j/ als auch für /i/ verwendet werden;
- <j>, <i> und <g> vor *e*, *i* haben den gleichen Lautwert;
- /k/ wird durch <c> oder <qu> repräsentiert, wobei <qu> jedoch auch für [kw] stehen kann;
- das Graphem <h> besitzt verschiedene Funktionen: In den alfonsinischen Werken erscheint es ohne Lautwert häufig in den Formen *ha*, *han* und vor wortinitialem *ue*, wo es lediglich anzeigen soll, dass das *u* vokalisch zu lesen ist: *huesso*, *huevo*.

4.2.2 Lautung

Wir beschränken uns hier auf die zentralen Erscheinungen bzw. Neuerungen im Bereich des Vokalismus und des Konsonantismus (vgl. hierzu v.a. Torrens Álvarez 2007, 221f.).

Vokalismus: Ebenso wie im modernen Spanisch gab es im alfonsinischen Spanisch fünf Vokalphoneme /a, e, i, o, u/, wobei in unbetonter finaler Position nur /a, e, o/ auftraten. Die aus vulgärlateinischem *ɛ́* und *ɔ́* entstandenen Diphthonge des Altspanischen, *jé* (/ie/) und *wé* (/ue/), alternieren in einigen Wörtern mit dem einfachen Vokal: *conde – cuende*, *como – cuemo*, *convento – conviento* (s.o. 2.7.4.2; vgl. hierzu sowie zum Folgenden v.a. Torrens Álvarez 2007, 221f.). Schon frühzeitig war es im Altspanischen zu Reduktionen des Diphthongs /ie/ zu /i/ im Diminutivsuffix *-iello* (> *-illo*) gekommen, zur Zeit Alfons des Weisen überwogen jedoch noch immer Formen mit Diphthong: *Castiella*, *sotiello* etc. In wortinitialer Position wird das halbkonsonantische Jot des Diphthongs [j] (s.o. 2.7.4.2) zu dem stimmhaften palatalen Frikativ /ʝ/: *yegua*, *yelo* ('hielo').[35]

Die „extreme" Apokope begegnet in alfonsinischen Dokumenten noch recht häufig (zur Unterscheidung zwischen „normaler" und „extremer" Apokope s.o. in 2.7.4.1). Im Bereich des unbetonten Vokalismus treten Schwankungen in der Verwendung von /e/ und /i/ sowie von /o/ und /u/ auf: *recibir – recebir*, *escrivir – escrevir*, *sufrir – sofrir*. Dabei handelt es sich um ein innerhalb der Romania weitverbreitetes Phänomen, das etwa auch im Brasilianischen sowie in zahlreichen amerikanischen Spanischvarietäten belegt ist. In Spanien treten diese Alternanzen bis ins 17. Jahrhundert, in den stärker von der gesprochenen Sprache beeinflussten amerikanischen Kolonialgebieten noch bis ins 18. Jahrhundert auf (vgl. Noll 2009, 90).

---

[35] In zahlreichen Darstellungen des modernen Spanisch wird nicht zwischen dem palatalen Halbkonsonanten [j] und dem palatalen Frikativ /ʝ/ unterschieden, obwohl letzterer im Unterschied zu ersterem Phonemstatus besitzt (sowohl in Spanien als auch in Hispanoamerika) und sich auch artikulatorisch unterscheidet. Der palatale Frikativ /ʝ/ wird mit einer größeren Verengung im Ansatzrohr artikuliert als der Approximant [j], was man leicht nachvollziehen kann, wenn man sp. *ya* (mit stimmhaftem palatalen Frikativ) und dt. *ja* (mit Approximant) einmal nacheinander ausspricht. Der Unterschied wurde aber auch schon experimentalphonetisch nachgewiesen (vgl. Barme 2012, 271; Monjour 2007, 141).

Konsonantismus: Beim Übergang vom Lateinischen zum Altspanischen kam es zu zahlreichen Lenisierungsprozessen, wozu etwa die Vereinfachung der lateinischen Geminaten (z.B. [pp] > [p]: lat. *cuppa* > asp. *copa*), die Sonorisierung stimmloser Okklusive (lat. *patre* [pátre] > asp. [pádre]) und die Frikativierung stimmhafter Okklusive zählen (asp. [kábra] > asp./nsp. *cabra* [káβra] (eine ausführliche Darstellung der Lenisierungen findet sich oben in 2.7.4.2). Trotz dieser Entwicklungen behalten im alfonsinischen Spanisch einige Wörter in der Graphie oftmals eine Doppelkonsonanz bei (z.B. *abbad*, *abbat*, *sábbado*), in anderen taucht anstelle eines stimmhaften ein stimmloser Okklusiv auf (*duplado* – *doblado*) oder ein frikatives *d* [δ], das in intervokalischer Position eigentlich schon ausgefallen war (z.B. *judizio* – *juizio*, *fidel* – *fiel*). Auch bei den durch Synkopen entstandenen sekundären Konsonantengruppen zeigen sich Alternanzen: *omne* – *ombre*, *venré* – *vendré*, *comptar* – *contar*, *comde* – *conde*.

Bei den Sibilanten bleibt die Unterscheidung zwischen stimmhaften und stimmlosen bewahrt (siehe hierzu auch unten im Textkommentar):

	stimmhaft:	stimmlos:
alveolar:	-s- [z]	-ss- [s]
dental(-alveolar):	-z- [dz]	-c-, -ç- [ts]
präpalatal:	i, j, g [ʒ]	x [ʃ]

Auch hier kommt es in der Schreibung mitunter zu Verwechslungen, vor allem bei den alveolaren Sibilanten, was wohl in erster Linie der Tatsache zuzuschreiben ist, dass das gleiche Graphem einmal einfach, einmal in Doppelschreibung verwendet wird.

4.2.3 Grammatik

Die wichtigsten Auffälligkeiten des alfonsinischen Spanisch im Bereich der Grammatik sind (vgl. hierzu v.a. Torrens Álvarez 2007, 222f.):

Artikel: Vor betontem und unbetontem /a/ lautet die Form des femininen Artikels *el*, vor allen übrigen Vokalen kann *el* oder *la* stehen: *el iglesia* – *la iglesia*, *el era* – *la era*.

Possessivpronomen: Bei den Possessivpronomen stehen sich die maskulinen Formen *to*, *so* und die femininen Formen *tu*, *su* gegenüber, doch in der zweiten

Hälfte des 13. Jahrhunderts werden die beiden letztgenannten Formen immer häufiger auch vor maskulinen Substantiven eingesetzt.

Relativpronomen: Das Relativpronomen *qui* wird bei Referenz auf Personen verwendet, wenn kein Antezedenz vorhanden ist. Das Relativum *que* tritt bei allen Arten von Referenten auf, wenn ein explizites Antezedens gegeben ist.

Unbetonte Objektpersonalpronomen: Der *leísmo* ist hochfrequent, und zwar sowohl der *leísmo de persona* (*le vi a Juan* (statt *lo vi*)) als auch der *leísmo de cosa* (*compré un libro y le leí* (statt *lo leí*). Darüber hinaus oszilliert die Rektion vieler Verben zwischen Dativ und Akkusativ.

Verbalkonjugation: Im Verbalparadigma begegnen viele „starke" Perfektformen, die teilweise mit „schwachen" Perfektformen alternieren: *crovo – creyó*, *fuxo – fuyó*.

Perfektpartizipien: Beim Partizip Perfekt sind die Endungen der zweiten Konjugation auf *-udo* noch sehr gebräuchlich: *conoçudo*, *sabudo* etc.

Imperfekt und Konditional: Bei den Formen des Imperfekts und des Konditionals sind die Endungen *-ía* und *-ié* möglich.

Plusquamperfekt: Die Formen auf *-ra*, die etymologisch vom lateinischen Plusquamperfekt Indikativ herrühren (sp. *cantara* < lat. CANTA(VE)RAM) fungieren noch immer als Plusquamperfekt Indikativ.

Zusammengesetzte Formen: Die mit *aver* gebildeten Formen sind noch nicht grammatikalisiert, da *aver* teilweise noch seine ursprüngliche Bedeutung besitzt und das Partizip mit dem direkten Objekt kongruiert.

Satzverknüpfung: Die satzinternen und satzübergreifenden Verknüpfungstechniken sind noch ziemlich eingeschränkt, wobei *e (y)*, *otrossí* und *que* dominieren. Die wichtigsten Konjunktionaladverben sind: *ca* (kausal), *maguer* (konzessiv), *quando*, *quanto*, *como*, *comoquier (que)*, *(d)onde*.

Präpositionen: Die Form der finalen Präposition lautet *pora*.

4.2.4 Wortschatz

Für das gesamte 13. Jahrhundert gilt, dass es besonders reich an Wortbildungen durch morphologische Verfahren, vor allem mittels Prä- und Suffigierungen, ist (vgl. Torrens Álvarez 2007, 223f.). Viele dieser Wortschöpfungen sind im Rahmen der Übersetzungen aus dem Lateinischen, Arabischen und Griechischen entstanden: *anchura – ancheza, siervo – sirviente, cavar – excavar – descavar* etc. Die so geschaffenen Varianten kommen dem Wunsch nach *variatio* entgegen, durch den insbesondere das alfonsinische Spanisch geprägt ist. Sprachliche Variation wurde darüber hinaus auch durch das Nebeneinander von Latinismen und Erbwörtern gleichen Ursprungs erzielt (*signo – seña, íntegro – entero* usw.) sowie durch den alternierenden Gebrauch von synonymen bzw. bedeutungsähnlichen Wörtern unterschiedlicher Herkunft (*aver – riqueza, madero – leño, pelear – barajar* etc.). Einige Wörter, die im alfonsinischen Spanisch hochfrequent sind, wurden später schließlich aufgegeben: *exir* ('salir'), *cras* ('mañana'), *casa* ('ciudad'), *postremero* ('último'), *aína* ('rápidamente'), *lueñe* ('lejos') (ib., 224).

4.3 Text mit Kommentar: *General Estoria*

Im Folgenden präsentieren wir einen Ausschnitt aus der *General Estoria* von Alfons dem Weisen, die im Jahr 1280 abgeschlossen wurde. Der Auszug repräsentiert den Beginn der Geschichte des babylonischen Königs Nebukadnezar II. (Nabucodonosor) und erscheint hier in einer von der spanischen Philologin Torrens Álvarez (2007, 224f.) vorgenommenen Adaptation hinsichtlich der Orthographie, der Diakritika und der Interpunktion, welche die Lektüre vereinfachen soll; die Autorin hat einige Schreibweisen vereinheitlicht (so wird beispielsweise konsequent *u* für den Vokal und *v* für den Konsonanten verwendet) sowie die Verwendung der Tilde und die Interpunktion dem heutigen Sprachgebrauch angepasst (wobei jedoch die Akzentuierungsverhältnisse der alfonsinischen Zeit beibehalten wurden).

> „Aquí se comiença la estoria de Nabucodonosor, rey de Babiloña e de Caldea. Muy nombrado fue Nabucodonosor, rey de Babiloña e de Caldea, por muchas tierras, e será en quanto duraren los escriptos de los libros que agora son, ca destruyó grandes yentes e conquistó muchas tierras e fue señor d'ellas. [...] Cuenta maestre Godofre que ell engendramiento de Nabucodonosor fue cosa qual los omnes non avién vista e que fue como maravilla. Ca diz que uno de los espíritos que vos dixiemos en la estoria de la tercera edad a que llamavan íncubos, e son los íncubos spíritus de natura atal que quando quieren ques muestran a los omnes e quando quieren se asconden e fazen se non vesibles, de guisa que los non puede veer ninguno. Uno d'estos spíritus atales diz que yogo con una mugier, ca lo fazién muchas vezes estos spíritus de venir e yazerse con las mugieres; e la mugier empreñosse e parió un niño a furto e nol osó tener. [...] Tomó el fijo e levol e echol en un mont a ascuso. E partiéndosse ella d'él, diz que vino un búho e

echosle de suso al niño e crubiol con las alas por le tener a calentura e que non morisse, e deffenderle de las aves e de las otras cosas que nol comiessen. E vino una cabra con lech e diole la teta. Empós esto diz que acaeció por allí un omne gafo, e vio aquel niñuelo e paró mientes cómo era fermosiello, e ovo duelo d'éll e tolliol al búho e a la cabra e tomol e levosle. E diz que en Armenia que llaman *nabuc* por búho, e *codo* por cabra e *nosor* por gafeza. E asmó aquel gafo qué nombre pornié a este niño, e quando mesuró a sí e al búho e a la cabra cómo ellos todos tres le guariran de muert yl dieran vida, tomó aquellos tres nombres que diximos que dizién en Armenia por gafo e por búho e por cabra e ayuntolos e fízolo d'ellos este nombre *Nabucodonosor* e pusol a aquel niño."

Wortschatz:

In diesem Textauszug begegnet uns überwiegend Erbwortschatz, es treten nur wenige Kultismen auf, wie z.B. *íncubo*, das im Text erklärt wird (im Altspanischen besaß es darüber hinaus auch die Bedeutung 'pesadilla'). Ein weiteres Beispiel ist *spíritus*, wobei im Text jedoch auch die volkssprachliche Weiterentwicklung *espírito* verwendet wird.

Hier die Bedeutungen der aus heutiger Sicht schwierigsten Lexeme und Ausdrücke: *asmar* ('pensar'), *a ascuso* ('a escondidas, en secreto'), *a furto* ('furtivamente, sin ser visto'; nsp.: *a hurtadillas*), *de guisa que* ('de manera, de forma que'), *de suso* ('encima'), *empós* ('después'), *gafo* ('leproso'), *guarir* ('proteger'), *mesurar* ('considerar, pensar con atención'), *parar mientes* ('darse cuenta'), *toller* ('quitar'). Der im Text erwähnte Eigenname *Godofre* bezieht sich auf den Historiograph Godofrey/Godofredo de Viterbo (1125–1192).

Graphie und Lautung:

Hinsichtlich des **Vokalismus** zeigt der Text die normale Entwicklung (Diphthongierung etc.). Das /e/ in *estoria* repräsentiert eine erbwörtliche Entwicklung, im Unterschied zum Kultismus *historia*. Das /e/ im Adjektiv *vesibles* könnte auf eine Analogie zum Infinitiv *ve(e)r* oder auf die Alternanz von /e/ und /i/ in unbetonter Stellung (s.o. 4.2.2) zurückzuführen sein. Der palatale Vokal in *mugier* und *tolliol* wurde nicht vom unmittelbar vorangehenden palatalen Konsonanten absorbiert. Der Infinitiv *asconder* (< lat. ABSCONDERE) stellt die etymologisch „korrekte" Form dar, die Form *esconder* beruht darauf, dass die Anlautsilbe *as-* mit dem Präfix *es-* in Verbindung gebracht wurde. Besonders auffällig ist die starke Präsenz der „extremen" Apokope, was der These widerspricht, Alfons der Weise hätte diese geächtet, weil sie auf französischem Einfluss beruhe: *mont*, *lech*, *muert* sowie *-l* (*le*).

Im Bereich des **Konsonantismus** wird die Unterscheidung zwischen *b* (< lat. *b-*, *-p-*) und *v* (< lat. *v*, *-b-*) noch getroffen: *búho, cabo, cabra – vida, veer, venir, llamavan*. Die Aspiration des initialen *f-* wird graphisch nicht angezeigt, im Gegensatz zur intervokalischen Positionierung: *búho* (< lat. BUFO). Bei den Sibilanten wird die Unterscheidung zwischen stimmhaft und stimmlos beibehalten:

	stimmhaft:	stimmlos:
1. alveolar:	<s> [z]	<ss> [s]:
	pusol, fermosiello	*morisse, comiessen*
2. dental(-alveolar):	<z> [dz]	<c, ç> [ts]:[36]
	vezes, fizo	*tercera, comiença*
3. präpalatal:	<j, i, g> [ʒ]	<x> [ʃ]
	fijo, mugier	*dixiemos*

Der stimmhafte palatale Frikativ /j/, der immer durch <y> dargestellt wird (*destruyó, yogo, yazer, ayuntolos*), erscheint auch in *yente* und *ayuntar*, also in Wörtern, in denen auch der stimmhafte präpalatale Sibilant [ʒ] verwendet wird, der sich schließlich durchsetzt: *gente, juntar*. In der Verbform *crubiol* (< *cubrir*) begegnet uns eine Metathese, ebenso in der Konditionalform *pornié* (< *ponrié*), die deshalb kein epenthetisches *-d-* aufweist (*pondrié*).

Grammatik:

Der Auszug spiegelt den Hang des alfonsinischen Spanisch zu Suffigierungen wider, siehe etwa die Evaluativsuffixe *niñuelo* und *fermosiello*. Im Pronominalbereich wird konsequent der *leísmo de persona masculina* angewendet (*le guariran, levosle*), und vermutlich ist dieser auch bei allen apokopierten Formen gegeben (*levol, echol, crubiol*). Bei den zusammengesetzten Formen mit *aver* kongruiert das Perfektpartizip mit dem Substantiv: *cosa qual los omnes non avién vista*. Auffällig ist ferner der Gebrauch der „starken" Perfektform *yogo* ('yació') und die ausschließliche Verwendung der Endung *-ié* bei den Imperfekt- und Konditionalformen (*avién, fazién, pornié*). Die Formen auf *-ra* (*guariran, dieran*) fungieren ausschließlich als Plusquamperfekt Indikativ. Gleich zu Beginn begegnet eine Form des Konjunktiv Futur (*duraren*), der im heutigen Spanisch außer in festen Wendungen (*sea lo que fuere*) nur noch fachsprachlich, vor

[36] Vor *e*, *i* wird *c* geschrieben, vor allen übrigen Vokalen *ç*.

allem in der Rechtssprache, in Erscheinung tritt. Die am häufigsten auftretenden Konjunktionen sind *e*, *que* und das kausale *ca*.

5. Das Altspanische III: 14. Jahrhundert

5.1 Geschichtlicher Hintergrund

Gegen Ende des 13. Jahrhunderts und während des gesamten 14. Jahrhunderts kam es in Spanien – ebenso wie im übrigen West- und Mitteleuropa – zu tiefgehenden politischen, sozio-kulturellen und wirtschaftlichen Umwälzungen (vgl. hierzu sowie zum Folgenden Tietz 2001, 41–44). Die politischen Verhältnisse in Kastilien werden im 14. Jahrhundert durch den Gegensatz zwischen einem sehr starken Adel und einem schwachen Königtum bestimmt: Der über großen Landbesitz verfügende Adel weigerte sich, seine Interessen zugunsten eines modernen zentralistischen Staates aufzugeben.

Im ökonomischen Bereich führte die aufkommende Geldwirtschaft zu tiefgreifenden Veränderungen; insbesondere ermöglichte sie die Entstehung eines „neureichen Bürgertums" (ib., 42), wodurch die herkömmliche mittelalterliche Hierarchie der drei Stände (Klerus, Adel, einfache Bürger und Bauern) nachhaltig erschüttert wurde. Was das geistige Leben betrifft, so geriet in ganz Europa bereits seit dem Ende des 13. Jahrhunderts das scheinbar unangreifbare theologische System der Scholastiker ins Wanken, v.a. deshalb, weil das sich an der Empirie orientierende Wissen der Averroisten[37] die „klerikale Wissensvormacht" (Kurt Flasch) herausforderte, zu Individualismus und Freiheit anregte sowie ein neues Welt- und Menschenbild aufscheinen ließ. Die Jenseitsfixiertheit begann zu bröckeln, und was bis dato als Gotteswille und somit sinnvoll erschienen war, wurde nun in Frage gestellt. Besonders drastische Auswirkungen hatten die verheerenden Pestepidemien, zu denen es in der zweiten Hälfte des 14. Jahrhunderts in weiten Teilen Europas kam, und die eine Entvölkerung ganzer Landstriche zur Folge hatten und darüber hinaus auch die Basis der mittelalterlichen Wirtschaft, den Ackerbau, weitgehend zerstörten. Für diese Epidemien

[37] Als *Averroisten* werden die im 13. und 14. Jh. in Europa wirkenden Anhänger des arabischen Philosophen Averroës (Mohammed Ibn Ruschd; *1126 in Cordoba, †1198 in Marrakesch) bezeichnet, die – im Gegensatz zu Averroës selbst (!) – die Lehre von der sogenannten doppelten Wahrheit vertraten. Diese besagt, dass es neben der theologischen, dogmatischen Wahrheit (d.h. der Wahrheit der Bibel und der kirchlichen Lehrmeinung) auch noch eine philosophische, vernunftgemäße Wahrheit gebe (vgl. Le Goff 2007, 167 und Spierling 2010, 118ff.).

wurden in erster Linie die Minderheiten verantwortlich gemacht, insbesondere die Juden, die Verfolgungen ausgesetzt waren. Mit den Judenpogromen in Katalonien und Sevilla, die durch die systematischen Hasspredigten der Bettelorden gegen die „Gottesmörder" ausgelöst wurden, endete das lange friedliche Zusammenleben von Christen, Juden und Muslimen auf der Iberischen Halbinsel (die *convivencia*). Im Bereich der Literatur kommt im 14. Jahrhundert neben dem didaktischen Schrifttum vor allem Chroniken und Historiographien sowie moralischen Werken eine vorrangige Stellung zu, wobei die letztgenannten oftmals eine scharfe Gesellschaftskritik zeigen. Die bedeutendsten Autoren sind: Juan Manuel, Juan Ruiz (der Erzpriester von Hita), der Rabbiner Sem Tob sowie Pero López de Ayala.

5.2 Sprachliche Merkmale

5.2.1 Lautung

Das Vokalsystem des Altspanischen des 14. Jahrhunderts unterscheidet sich nicht von dem des vorangehenden Jahrhunderts und auch nicht von dem des heutigen Spanischen (vgl. Torrens Álvarez 2007, 229). Allerdings gab es noch immer einen relativ großen Variantenreichtum: So existierten beispielsweise die beiden Diminutivsuffixe *-iello* und *-illo* nebeneinander, wobei die letztgenannte Form favorisiert wurde und sich schließlich im 15. Jahrhundert durchsetzte (ib.). Bereits im 14. Jahrhundert verdrängte das Suffix *-ero* die Variante *-uero*. Die sogenannte „extreme" Apokope (*pariente* – *parient*, *noche* – *noch*; s.o. 2.7.4.1) geht zurück, ohne jedoch gänzlich von der Bildfläche zu verschwinden. In den Texten aus dem 14. Jahrhundert tritt die Alternanz von unbetontem /o/ und /u/ und von unbetontem /e/ und /i/ noch immer sehr häufig auf.

Das Konsonantensystem zeigt nur geringfügige Divergenzen gegenüber dem des 13. Jahrhunderts: In implosiver Stellung im Wortinnern wird /n/ auf Kosten von /m/ zur Norm in Fällen wie *conde* (*comde*), *contar* (*compta*r) usw.; es wird angenommen, dass im 14. Jahrhundert die Aspiration des wortinitialen lateinischen *f-* (> *h-*) in jenen Wörtern, in denen es in der weiteren Entwicklung zum Ausfall des initialen Konsonanten kommt (wie z.B. in *hijo*), generalisiert war; das im Rahmen einer Synkope in implosive Position geratene /b/ wird zu /u/ vokalisiert (s.o. 2.7.4.2), alterniert jedoch noch mit der ursprünglichen Form: *cibdad – ciudad, debda – deuda* (ib., 230).

5.2.2 Grammatik

Artikel: Im 14. Jahrhundert tritt der bestimmte feminine Artikel *el* nur noch vor Wörtern auf, die mit /a/ anlauten, in einigen Fällen begegnet er auch vor anlautendem /e/ (vgl. hierzu sowie zum Folgenden Torrens Álvarez 2007, 230). Im alfonsinischen Spanisch konnte *el* auch vor allen übrigen Vokalen zum Einsatz kommen (s.o. 2.7.5 und 4.2.3).
Possessivpronomen: Bei den Possessivpronomen setzen sich die ursprünglich femininen Formen *tu, su* endgültig auch bei maskulinen Substantiven durch (s.o. 4.2.3). Man beginnt, die artikellose Sequenz *mi casa* gegenüber *la mi casa* zu bevorzugen.
Relativpronomen: Das Relativpronomen *qui* findet kaum noch Verwendung.
Unbetonte Objektpersonalpronomen: Es kommt zur Alternanz von *gelo* und dem noch nicht weit verbreiteten *se lo* (s.o. 2.7.5).
Verbalkonjugation: Im Verbalparadigma kommt es durch den Ausfall von intervokalischem *-d-* bei den Formen der 2. Person Plural zu Alternanzen: *amades* neben *amaes, amáis, comedes* neben *comees, coméis* usw. Die „starken" Perfektformen (z.B. *crovo* (*creyó*), *fuxo* (*fuyó*)) nehmen ab, und im Imperfekt geht die Endung *-ié* deutlich zurück.
Zusammengesetzte Formen: In den zusammengesetzten Zeiten breitet sich *haber* auf Kosten von *ser* weiter aus (s.o. 2.7.5), und im Plusquamperfekt Indikativ wird die synthetische Form *cantara* immer mehr vom analytischen *había cantado* verdrängt.

5.2.3 Wortschatz

Im Verlauf des 14. (und 15.) Jahrhunderts kommt es zu der Ersetzung einer ganzen Reihe von Erbwörtern durch Kultismen: *aorar – adorar, antigo – antiguo, emer – gemir, esleer – elegir* (vgl. hierzu sowie zum Folgenden Torrens Álvarez 2007, 230f.). Im Zuge der Durchsetzung der am häufigsten auftretenden Präfixe ergibt sich eine Festlegung auf bestimmte Formen: *acender* > *encender, as-*

cuchar > *escuchar*, *estroir* > *destroir*. Da das Arabische im Spätmittelalter erheblich an Prestige verliert, werden zahlreiche Wörter arabischen Ursprungs durch Wörter lateinischer Herkunft ersetzt: *veterinario* statt *albéitar*, *físico* statt *alfaquim*, *sastre* für *alfayate*, *barato* für *rafez*, *leproso* statt *gafo*. Überhaupt dringen gegen Ende des 14. sowie im 15. Jahrhundert viele Latinismen ins Spanische ein.

5.3 Text mit Kommentar: *Libro de buen amor*

Nach Tietz (2001, 44) zählt das „Buch von der rechten Liebe" zu den wenigen Texten des spanischen Mittelalters, die auch heute noch von einem größeren Publikum zum bloßen Vergnügen gelesen werden. Dieses Meisterwerk der Spielmannsdichtung (*poesía juglaresca*) wird von einigen Autoren als letzte Synthese der *Convivencia* betrachtet, da es „orientalische Sinnenfreude mit abendländischer Askese und Marienfrömmigkeit verbindet" (ib.). Von dem *Libro de buen amor* sind drei Handschriften erhalten, die stark voneinander abweichen, so dass sich weder die endgültige Textgestalt noch das genaue Erscheinungsdatum (zwischen 1330 und 1343) bestimmen lassen. Der Autor des Werks ist uns zwar namentlich bekannt, Juan Ruiz, Erzpriester von Hita, doch mehr hat die Forschung über ihn noch nicht in Erfahrung bringen können – möglicherweise handelt es sich bei dem Namen um ein Pseudonym. Aus dem Text lässt sich immerhin erschließen, dass der Autor sehr gebildet, also kein einfacher Spielmann war (ib.).

Das 7173 Verse umfassende Werk enthält sowohl erzählende als auch lyrische Teile. Den narrativen Rahmen bildet eine fiktive Autobiographie: Juan Ruiz sitzt im Gefängnis und erzählt Episoden aus seinem wenig glanzvollen Liebesleben, wobei er in seinen Bericht immer wieder Erörterungen religiöser Art, Fabeln und lyrische Passagen einfügt. Die lyrischen Passagen sind metrisch sehr unterschiedlich gestaltet, der übrige Text ist jedoch durchgängig in den Vierzeilern (*cuaderna vía*) des *mester de clerecía* verfasst (ib, 45). Den folgenden Auszug zitieren wir nach der kritischen Textausgabe von Alberto Blecua (1992):

Dezirte he la fazaña de los dos perezosos
que querian casamiento e andavan acuziossos:
amos por una dueña estava[n] codiçiossos,
eran muy bien apuestos e verás quán fermosos:

el uno era tuerto del su ojo derecho,
ronco era el otro, de la pierna contrecho;
[e] el uno del otro avia muy grand despecho,
coidando que tenían su cassamiento fecho.

Respondiólos la dueña que ella queria casar
con el más perezosso e aquél queria tomar
(esto dizié la dueña queriéndolos abeitar).
Fabló luego el coxo, coidó se adelantar,

Dixo: „Señora, oíd primero la mi razón:
yo só más perezosso que éste mi compañón;
por pereza de tender el pie fasta el escalón,
caí del escalera, finqué con esta ligión."

Desque calló el coxo, dixo el tuerto: „Señora,
chica es la pereza que éste dixo agora;
dezirvos he la mía, nos vistes tal ningu[n]d ora,
nin veer tal la puede omne que en Dios adora.

Yo era enamorado de una dueña en abril;
estando delante ella, sossegado e omil,
vínome desçendimiento a las narizes muy vil:
por pereza de alinpiarme perdí la dueña gentil."

„Buscad con quien casedes, ca dueña non se paga
de perezoso torpe nin que vileza faga."
Por ende, mi amigo, en tu coraçón non yaga
nin tacha nin vileza, de que dueña se despaga.
(*Libro de Buen Amor*, 457–470)

Wortschatz:

Die lexikalischen Auffälligkeiten in diesem Auszug beschränken sich auf Wörter, die in späterer Zeit keine Verwendung mehr finden oder eine andere Semantik erhalten (vgl. Torrens Álvarez 2007, 232): *abeitar* ('engañar'), *coidar* ('procurar, poner diligencia en hacer algo'), *compañón* ('compañero'), *desçendimiento* ('mocos'), *despecho* ('resentimiento'), *dueña* ('señora respetable'), *fazaña* ('historia'), *fincar* ('quedarse'), *luego* ('inmediatamente'), *pagarse* ('estar contento o sentir satisfacción con algo'); *chica* im Sinne von 'klein' gilt heute als Ruralismus (ib.).

Graphie und Lautung:

In der Schreibung und in der Lautung sind die folgenden Besonderheiten zu nennen (vgl. Torrens Álvarez 2007, 233): In *coidar* wurde das /o/ nicht zu /u/ geschlossen; der Reim verlangt den Ausfall von /a/ in *contrecho* (*contrahecho*, ‘que tiene torcido el cuerpo’); die Form *codiçiosso* (< *cobdiciosso*) basiert auf einer Vokalisierung des implosiven /b/ zu dem velaren (hinteren) Vokal /u/, das im Kontakt mit dem ebenfalls velaren /o/ schließlich ausfällt; im *Libro de buen amor* bleibt implosives /b/ jedoch meistens erhalten; in der Graphie zeigt sich, dass bei den alveolaren Sibilanten nicht zwischen stimmhaftem /z/ (<s>) und stimmlosem /s/ (<ss>) differenziert wurde: *perezoso* – *perezossos*, *casamiento* – *cassamiento*;[38] bei den dentalen affrikativen Sibilanten hingegen wurde die Unterscheidung zwischen stimmhaftem /dz/ (<z>) und stimmlosem /ts/ (<ç>) beibehalten: *pereza*, *perezoso*, *acuziosso*, *razón*, *narizes* / *codiçiossos*, *desçendimiento*, *coraçón*; die Sonoritätsdifferenzierung zeigt sich auch bei den präpalatalen Sibilanten /ʒ/ (‹i, j, g›) und /ʃ/ (‹x›): *ojo*, *gentil* – *coxo*, *dixo*; das *d* in *ningund*, das wohl in Analogie zu *segund* (*segundo*) angefügt wurde, hat sich nicht durchsetzen können.

Grammatik:

Der bestimmte Artikel wird noch vor das Possessivpronomen gesetzt (vgl. Torrens Álvarez 2007, 233): *del su ojo derecho*, *la mi razón*, obwohl es im 14. Jahrhundert in diesem Kontext zu einer Präferenz für die Auslassung des Artikels kam (s.o. 5.2.2); der bestimmte Artikel erscheint auch vor indefiniten Pronomen: *el uno...el otro*; im Altspanischen (sowie generell im Altromanischen) greift das Tobler-Mussafia-Gesetz, das besagt, dass die unbetonten klitischen Objektpronomina am Satzanfang und nach bestimmten Konjunktionen in enklitischer Position, also an die Verbendung angehängt, erscheinen müssen, was auch in unserem Textauszug zu beobachten ist: *respondiólos*, *vínome*; beim Imperfekt dominiert eindeutig die Endung *-ía*, wenngleich sich auch noch *-ié* findet (*dizié*); an die Formen der 2. Person Singular des *indefinido* wird in Analogie zu

---

[38] Die allgemeine Desonorisierung sämtlicher Sibilanten erfolgte erst im 16. Jahrhundert (s.o. 2.7.2). Dass eine Lautentwicklung sich über mehrere Jahrhunderte hinzieht, ist durchaus nicht ungewöhnlich; dies zeigt sich beispielsweise auch bei der Behandlung der Vokale im Wortauslaut (vgl. Bustos Tovar 2004a, 283).

den übrigen Tempora ein *-s* angehängt (*vistes*); bei Futurformen steht *haber* noch immer getrennt vom Verb: *dezirte he*, *dezirvos he*; die Form *alinpiar* (*limpiar*) mit dem kausativen Präfix *a-* war im 14. Jahrhundert die Normalform; auffällig ist ferner, dass vor femininen Substantiven, die mit *e* beginnen, die Form *el* des femininen Artikels verwendet wird: *del escalera* (ib.; siehe hierzu auch oben 5.2.2).

6. Materialien und Hilfsmittel zum Altspanischen

Zum Abschluss sollen noch ein paar Hinweise zu Materialien und Hilfsmitteln zum Altspanischen gegeben werden.

Im Internet findet man einige sehr nützliche Seiten, so beispielsweise die spanische *Wikipedia*-Seite *Español medieval*, die auch einen längeren Auszug aus dem *Cantar de Mio Cid* präsentiert, den man sich auf Altspanisch anhören kann (<http://es.wikipedia.org/wiki/Español_medieval>; Zugriff vom 11.04.2014). Das komplette Werk in altspanischer Aussprache einschließlich Untertitelung bietet die folgende multimediale Webseite der Universität Texas: <http://miocid.wlu.edu/> (Zugriff vom 11.04.2014).

Von besonderer Bedeutung im Hinblick auf sprachwissenschaftliche Recherchen und Forschungen sind freilich historische Textkorpora. Für das Altspanische sind vor allem die beiden folgenden, sehr umfangreichen Korpora zu nennen, die *online* zugänglich sind (vgl. hierzu sowie zum Folgenden Davies 2009):

1. Das *CORDE*-Korpus der *Real Academia Española* (*CORDE = Corpus Diacrónico del Español*): Das *CORDE*-Korpus wurde Ende der 1990er Jahre erarbeitet und war das erste große diachronische Textkorpus des Spanischen. Es umfasst ca. 250 Mio. Textwörter aus allen historischen Phasen der spanischen Sprachgeschichte und zeigt zudem auch eine Diversifizierung hinsichtlich der Textsorten (Poesie, historiographische und didaktische Werke, Prosa usw.; vgl. Davies 2009, 138).

2. Das *Corpus del español* des US-Amerikaners Mark Davies von der Brigham Young University in Utah (<http://www.corpusdelespanol.org/>; Zugriff vom 11.04.2014): Die Zusammenstellung dieses historischen Korpus wurde im Jahre 2002 abgeschlossen, und 2007 wurde es einer sorgfältigen Revision unterzogen. Es beinhalt rund 100 Mio. Textwörter von der Epoche des Altspanischen bis Ende der 1990er Jahre, wobei etwa 18 Mio. Textwörter auf den Zeitraum vom 13. bis zum Ende des 15. Jahrhunderts entfallen.

Bezüglich der Optionen der linguistischen Recherche bestehen zwischen diesen beiden Korpora jedoch gravierende Unterschiede. Das *CORDE*-Korpus bietet lediglich die Möglichkeit, ein Wort oder eine Wortgruppe zu suchen, die dann samt Kontext angezeigt wird. Viele weitere Suchoptionen, die das *Corpus del español* offeriert, stehen dem Nutzer des *CORDE*-Korpus nicht zur Verfügung: So kann das *CORDE*-Korpus z.B. nicht ermitteln, ob die Vorkommensfrequenz eines Wortes oder einer Wortgruppe von einer Periode der Sprachgeschichte zur nächsten zu- oder abgenommen hat, oder in welcher diachronischen Epoche sie am häufigsten auftraten. Darüber hinaus ist es auch bezüglich morphologischer, syntaktischer, lexikographischer und semantisch orientierter Untersuchungen von deutlich geringerer Nützlichkeit als das *Corpus del español*, das ausdrücklich für sprachwissenschaftliche Recherchen konzipiert wurde (vgl. Davies 2009, 165).

Was die lexikographische Erfassung des Wortschatzes des Altspanischen anbelangt, so bleibt für die Hispanistik noch sehr viel zu tun, denn nach wie vor gibt es weder ein vollständiges Wörterbuch des Altspanischen noch eines, das zumindest eine repräsentative Systematisierung der Lexik bietet (vgl. Bajo Pérez 2013, 406). Die sich daraus ergebenden Desiderata sind umso dringlicher, wenn man sich vor Augen hält, dass etwas mehr als die Hälfte des allgemeinsprachlichen altspanischen Wortschatzes des 10. bis 14. Jahrhunderts im modernen Spanisch nicht mehr existiert und somit von den heutigen Spanischsprechern entweder gar nicht mehr oder höchstens nur noch vage verstanden werden kann (ib., 402; Müller 2004, 71). Dass viele dieser Wörter heute nicht mehr existieren, liegt darin begründet, dass die Dinge und Konzepte, die sie bezeichneten, untergegangen sind. Daher ist es eine der wichtigsten Aufgaben der historischen Lexikographie, uns die Grundlagen zu liefern für ein Verständnis dieser viele Jahrhunderte zurückliegenden mittelalterlichen Welt (ib.; Lebsanft 2004, 55f.).

Die wichtigsten lexikographischen Werke, die über die Lexik des Altspanischen informieren sind (vgl. hierzu Bajo Pérez (2013), die weitere Wörterbücher, Glossare und Wortlisten aufführt):

1. Bodo Müller: *Diccionario del español medieval* (DEM), Heidelberg, Winter, 1987–2005. Bis 2005 sind 26 Faszikel (*a–almohatac*) erschienen, doch leider kam das Projekt dann zum Erliegen. Neben den Faszikel-Bänden präsentiert die Redaktion des *DEM* auch noch den *Tesoro DEM informatizado* (DEM*i*), der *online* Zugang zu den Lemmata, die mit *b*, *d*, *f*, *g* beginnen, ermöglicht, wobei jedoch im Unterschied zum *DEM* keine Wortbedeutungen angegeben werden, sondern lediglich mittelalterliche Texte genannt werden, in denen die betreffen-

den Lemmata enthalten sind. Nach der Unterbrechung des Heidelberger Projekts unter der Leitung von Bodo Müller sind die Materialien an die Universität Paderborn transferiert worden, wo auf der Grundlage des sehr umfangreichen Heidelberger Materials ein digitales Wort- und Textarchiv des mittelalterlichen Spanisch erarbeitet werden soll.

2. Real Academia Española: *Diccionario histórico de la lengua española* (DHLE), Madrid, Imprenta Aguirre, 1951–1996, Bd. 1–4: *a–apasanca* und *b–bajoca*. Auch dieses neben dem *DEM* wichtigste lexikographische Werk zum Altspanischen wurde nicht zu Ende geführt; es ist über die Seite der *Academia* (<www.rae.es>) *online* konsultierbar.

3. Lidio Nieto Jiménez/Manuel Alvar Ezquerra (ed.): *Nuevo Tesoro Lexicográfico del español (s. XIV–1726)*, Madrid, Arco Libros, 2007. 11 Bände. Dieser Thesaurus beruht auf 145 lexikographischen Werken bzw. Werken, die für die Lexikographie von besonderem Interesse sind.

7. Literatur

7.1 Primärquellen

Cantar de Mio Cid. 2013. Altspanisch/Deutsch. Übersetzt und herausgegeben von Victor Millet und Alberto Montaner. Stuttgart: Reclam.

El Cantar de Mio Cid. 1964. Übersetzt und eingeleitet von Hans-Jörg Neuschäfer. München: Eidos.

RUIZ, Juan. 1992. *Libro de buen amor*. Herausgegeben von Alberto Blecua. Madrid: Cátedra.

7.2 Sekundärliteratur

ARIZA, Manuel. 2004a. „El castellano primitivo: los documentos", in: Cano Aguilar 2004, 309–324.

ARIZA, Manuel. 2004b. „El romance en Al-Ándalus", in: Cano Aguilar 2004, 207–235.

BAJO PÉREZ, Elena. 2013. „Obras lexicográficas y textos medievales: utilidad de los diccionarios para los historiadores de la Edad Media hispánica", in: *En la España medieval* 36, 401–441.

BARME, Stefan. 2003. „Zum (ibero-)romanischen Ursprung einiger (morpho-)syntaktischer Strukturen des Papiamentu und des *español caribeño*", in: *Zeitschrift für romanische Philologie* 119/2, 232–255.

BARME, Stefan. 2012. Rez. zu: Born, Joachim & Laferl, Christopher F. & Pöll, Bernhard. edd. 2012. *Handbuch Spanisch. Sprache, Literatur, Kultur, Geschichte in Spanien und Hispanoamerika. Für Studium, Lehre, Praxis*. Berlin: Schmidt, in: *Romanistik in Geschichte und Gegenwart* 18/2, 270–281.

BERSCHIN, Helmut & FERNÁNDEZ-SEVILLA, Julio & FELIXBERGER, Josef. ²1995. *Die spanische Sprache: Verbreitung, Geschichte, Struktur*. Ismaning: Hueber.

BERSCHIN, Helmut & FELIXBERGER, Josef & GOEBL, Hans. ²2008. *Französische Sprachgeschichte*. Hildesheim [u.a.]: Olms.

BOLLÉE, Annegret. 2002. *Geschichte der italienischen Sprache* [Skript zur Vorlesung vom Sommersemester 1994; Otto-Friedrich-Universität Bamberg].

BOLLÉE, Annegret & NEUMANN-HOLZSCHUH, Ingrid. 2003. *Spanische Sprachgeschichte*. Stuttgart: Klett.

BOSSONG, Georg. 2007. *Das maurische Spanien*. München: Beck.

BUẞMANN, Hadumod. ²1990. *Lexikon der Sprachwissenschaft*. Stuttgart: Kröner.

BUSTOS TOVAR, José Jesús de. 2004a. „La escisión latín-romance. El nacimiento de las lenguas romances: el castellano", in: Cano Aguilar 2004, 257–290.

BUSTOS TOVAR, José Jesús de. 2004b. „Las glosas emilianenses y silenses", in: Cano Aguilar 2004, 291–307.

CANO AGUILAR, Rafael. ed. 2004. *Historia de la lengua española*. Barcelona: Ariel.

COMPANY COMPANY, Concepción. ed. 2006–2009. *Sintaxis histórica de la lengua española. Primera parte: La frase verbal. Segunda parte: La frase nominal*. México (D.F.): Universidad Nacional Autónoma de México.

DAVIES, Mark. 2009. „Creating useful historical corpora: a comparison of *CORDE*, the *Corpus del español*, and the *Corpus do português*", in: Enrique-Arias, Andrés. ed. *Diacronía de las lenguas iberorrománicas: nuevas aportaciones desde la lingüística de corpus*. Madrid: Iberoamericana; Frankfurt am Main: Vervuert, 137–166.

DIETRICH, Wolf & GECKELER, Horst. ²1993. *Einführung in die spanische Sprachwissenschaft. Ein Lehr- und Arbeitsbuch*. Berlin: Schmidt.

EBERENZ, Rolf. 1991. „Castellano antiguo y español moderno: reflexiones sobre la periodización en la historia de la lengua", in: *Revista de Filología Española* 81, 79–106.

EISENHUT, Werner. 2005. *Die lateinische Sprache. Ein Lehrgang für deren Liebhaber*. Düsseldorf: Patmos.

FERNÁNDEZ CATÓN, José María et al. 2003. *Documentos selectos para el estudio de los orígenes del romance en el Reino de León. Siglos X–XII*. León: Fundación Monteleón; Madrid: Testimonio. (http://www.saber.es/web/biblioteca/libros/documentos-selectos-estudio-origenes-romance-reino-leon-siglos-x-xii/html/indice.htm?idLibro=155; Zugriff vom 19.06.2014).

FERNÁNDEZ-ORDÓÑEZ, Inés. 2004. „Alfonso X el Sabio en la historia del español", in: Cano Aguilar 2004, 381–422.

HERRERO RUIZ DE LOIZAGA, Francisco Javier. 2005. *Sintaxis histórica de la oración compuesta en español*. Madrid: Gredos.

HILTY, Gerold. 2007. *Íva-ļ con la edat el coraçón creçiendo. Estudios escogidos sobre problemas de lengua y literatura hispánicas*. Madrid: Iberoamericana; Frankfurt am Main: Vervuert.

HILTY, Gerold. 2007a. „La herencia visigótica en el léxico de la Peninsula Ibérica", in: Hilty 2007, 85–93.

HILTY, Gerold. 2007b. „El bilingüismo de una jarcha mozárabe", in: Hilty 2007, 419–429.

HILTY, Gerold. 2007c. „¿Existió o no existió una lírica mozárabe?", in: Hilty 2007, 431–441.

HUALDE, José Ignacio et al. ²2010. *Introducción a la lingüística hispánica*. Cambridge: Cambridge University Press.

KABATEK, Johannes & PUSCH, Claus D. 2009. *Spanische Sprachwissenschaft*. Tübingen: Narr.

KIESLER, Reinhard. 2006. *Einführung in die Problematik des Vulgärlateins*. Tübingen: Niemeyer.

KOCH, Peter & OESTERREICHER, Wulf. ²2011. *Gesprochene Sprache in der Romania: Französisch, Italienisch, Spanisch*. Berlin; New York: de Gruyter.

KRAMER, Johannes. 2007. *Vulgärlateinische Alltagsdokumente auf Papyri, Ostraka, Täfelchen und Inschriften*. Berlin; New York: de Gruyter.

KRAMER, Johannes. 2008. Rez. zu: Kiesler, Reinhard. 2006. *Einführung in die Problematik des Vulgärlateins*. Tübingen: Niemeyer, in: *Zeitschrift für romanische Philologie* 124, 126–134.

KRAMER, Johannes. 2009. „Antike Grundlagen des Terminus *Vulgärlatein* und einiger Parallelbildungen", in: *Romanistik in Geschichte und Gegenwart* 15/1, 3–21.

LAPESA, Rafael. ⁹2008. *Historia de la lengua española*. Madrid: Gredos.

LATHROP, Thomas A. ²2009. *Curso de gramática histórica española*. Barcelona: Ariel.

LATHROP, Tom. ⁴2010. *The evolution of Spanish*. Newark, Delaware: Cervantes & Co.

LEBSANFT, Franz. 2004. „Historia de las ideas, historia de las palabras, antropología lingüística. *Imaginación* y *fantasia* en las *Siete Partidas* y otros textos medievales españoles", in: Lüdtke, Jens & Schmitt, Christian. edd. *Historia del léxico español. Enfoques y aplicaciones*. Madrid: Iberoamericana; Frankfurt am Main: Vervuert, 39–60.

LE GOFF, Jacques. 2007. *Die Geburt Europas im Mittelalter*. München: DTV.

LLOYD, Paul M. 1987. *From Latin to Spanish*. Vol. 1: *Historical phonology and morphology of the Spanish language*. Philadelphia: American Philosophical Society.

LÜDTKE, Helmut. 1964. „Die Entstehung romanischer Schriftsprachen“, in: *Vox Romanica* 23, 3–21.

MENÉNDEZ PIDAL, Ramón. [9]1980. *Orígenes del español. Estado lingüístico de la Península Ibérica hasta el siglo XI*. Madrid: Espasa Calpe.

METZELTIN, Michael. 1979. *Altspanisches Elementarbuch*. Bd. 1: *Das Altkastilische*. Heidelberg: Winter.

MONJOUR, Alf. 2007. Rez. zu: Blaser, Jutta. 2007. *Phonetik und Phonologie des Spanischen. Eine synchronische Einführung*. Tübingen: Niemeyer, in: *Zeitschrift für Romanische Sprachen und ihre Didaktik* 1/2, 139–144.

MORALA RODRÍGUEZ, José R. 2008. „Sobre la *Nodicia de kesos*, de hacia 980“, in: Company Company, Concepción & Moreno, José G. edd. *Actas del VII Congreso Internacional de Historia de la Lengua Española*. Vol. II, Madrid: Arco Libros, 2019-2032.

MÜLLER, Bodo. 2004. „Aspectos del léxico medieval desde la perspectiva del *Diccionario del español medieval* (*DEM*)“, in: Lüdtke, Jens & Schmitt, Christian. edd. *Historia del léxico español. Enfoques y aplicaciones*. Madrid: Iberoamericana; Frankfurt am Main: Vervuert, 61–71.

NOLL, Volker. [2]2009. *Das amerikanische Spanisch. Ein regionaler und historischer Überblick*. Tübingen: Niemeyer.

PALMER, Leonard R. [2]2000. *Die lateinische Sprache. Grundzüge der Sprachgeschichte und der historisch-vergleichenden Grammatik*. (Übersetzt von Johannes Kramer). Hamburg: Buske.

PENNY, Ralph. [2]2002. *A history of the Spanish language*. Cambridge: Cambridge University Press.

PHARIES, David A. 2007. *Breve historia de la lengua española*. Chicago: The University of Chicago Press.

RHEINFELDER, Hans. [2]1953. *Altfranzösische Grammatik*, 1. Teil: *Lautlehre*. München: Hueber.

ROEGIEST, Eugeen. 2006. *Vers les sources des langues romanes. Un itinéraire linguistique à travers la Romania*. Leuven: Acco.

ROHLFS, Gerhard. [3]1968. *Vom Vulgärlatein zum Altfranzösischen*. Tübingen: Niemeyer.

SÁNCHEZ MIRET, Fernando. 2012. „Das Spanische in seiner historischen Entwicklung“, in: Born, Joachim & Laferl, Christopher F. & Pöll, Bernhard. edd. *Handbuch Spanisch. Sprache, Literatur, Kultur, Geschichte in Spanien und Hispanoamerika. Für Studium, Lehre, Praxis*. Berlin: Schmidt, 8–18.

SCHÖNBERGER, Axel. 2010. Rez. zu: Kiesler, Reinhard. 2006. *Einführung in die Problematik des Vulgärlateins*. Tübingen: Niemeyer, in: *Lusorama* 81–82, 221–246.

SPIERLING, Volker. [5]2010. *Kleine Geschichte der Philosophie*. München: Piper.

STROH, Wilfried. 2007. *Latein ist tot, es lebe Latein! Kleine Geschichte einer großen Sprache*. Berlin: List.

TAGLIAVINI, Carlo. [2]1998. *Einführung in die romanische Philologie*. Tübingen; Basel: Francke.

TIETZ, Manfred. 2001. „Mittelalter und Spätmittelalter“, in: Neuschäfer, Hans-Jörg ed. *Spanische Literaturgeschichte*. Stuttgart; Weimar: Metzler, 1–68.

TORRENS ÁLVAREZ, María Jesús. 2007. *Evolución e historia de la lengua española.* Madrid: Arco Libros.

URRUTIA CÁRDENAS, Hernán & SEGURA MUNGUÍA, Santiago & PUEYO MENA, Francisco J. 1995. *Comentario filológico-lingüístico de textos castellanos.* Bilbao: Universidad de Deusto.

VÄÄNÄNEN, Veikko. [2]1967. *Introduction au latin vulgaire*. Paris: Klincksieck.

VÄÄNÄNEN, Veikko. [3]2012. *Introduction au latin vulgaire*. Paris: Klincksieck.

ZAUNER, Adolf. [2]1921. *Altspanisches Elementarbuch.* Heidelberg: Winter.

Romanische Sprachen und ihre Didaktik (RomSD)

Herausgegeben von Michael Frings; Andre Klump & Sylvia Thiele

ISSN 1862-2909

1 *Michael Frings und Andre Klump (edd.)*
Romanische Sprachen in Europa. Eine Tradition mit Zukunft?
ISBN 978-3-89821-618-0

2 *Michael Frings*
Mehrsprachigkeit und Romanische Sprachwissenschaft an Gymnasien?
Eine Studie zum modernen Französisch-, Italienisch- und Spanischunterricht
ISBN 978-3-89821-652-4

3 *Jochen Willwer*
Die europäische Charta der Regional- und Minderheitensprachen in der Sprachpolitik Frankreichs und der Schweiz
ISBN 978-3-89821-667-8

4 *Michael Frings (ed.)*
Sprachwissenschaftliche Projekte für den Französisch- und Spanischunterricht
ISBN 978-3-89821-651-7

5 *Johannes Kramer*
Lateinisch-romanische Wortgeschichten
Herausgegeben von Michael Frings als Festgabe für Johannes Kramer zum 60. Geburtstag
ISBN 978-3-89821-660-9

6 *Judith Dauster*
Früher Fremdsprachenunterricht Französisch
Möglichkeiten und Grenzen der Analyse von Lerneräußerungen und Lehr-Lern-Interaktion
ISBN 978-3-89821-744-6

7 *Heide Schrader*
Medien im Französisch- und Spanischunterricht
ISBN 978-3-89821-772-9

8 *Andre Klump*
„Trajectoires du changement linguistique“
Zum Phänomen der Grammatikalisierung im Französischen
ISBN 978-3-89821-771-2

9 *Alfred Toth*
Historische Lautlehre der Mundarten von La Plié da Fodom (Pieve di Livinallongo, Buchenstein) und Col (Colle Santa Lucia), Provincia di Belluno unter Berücksichtigung der Mundarten von Laste, Rocca Piétore, Selva di Cadore und Alleghe
ISBN 978-3-89821-767-5

10 *Bettina Bosold-DasGupta und Andre Klump (edd.)*
Romanistik in Schule und Universität
Akten des Diskussionsforums „Romanistik und Lehrerausbildung: Zur Ausrichtung und Gewichtung von Didaktik und Fachwissenschaften in den Lehramtsstudiengängen Französisch, Italienisch und Spanisch" an der Johannes Gutenberg-Universität Mainz (28. Oktober 2006)
ISBN 978-3-89821-802-3

11 *Dante Alighieri*
De vulgari eloquentia
mit der italienischen Übersetzung von Gian Giorgio Trissino (1529)
Deutsche Übersetzung von Michael Frings und Johannes Kramer
ISBN 978-3-89821-710-1

12 *Stefanie Goldschmitt*
Französische Modalverben in deontischem und epistemischem Gebrauch
ISBN 978-3-89821-826-9

13 *Maria Iliescu*
Pan- und Raetoromanica
Von Lissabon bis Bukarest, von Disentis bis Udine
ISBN 978-3-89821-765-1

14 *Christiane Fäcke, Walburga Hülk und Franz-Josef Klein (edd.)*
Multiethnizität, Migration und Mehrsprachigkeit
Festschrift zum 65. Geburtstag von Adelheid Schumann
ISBN 978-3-89821-848-1

15 *Dan Munteanu Colán*
La posición del catalán en la Romania según su léxico latino patrimonial
ISBN 978-3-89821-854-2

16 *Johannes Kramer*
Italienische Ortsnamen in Südtirol. La toponomastica italiana dell'Alto Adige
Geschichte – Sprache – Namenpolitik. Storia – lingua – onomastica politica
ISBN 978-3-89821-858-0

17 *Michael Frings und Eva Vetter (edd.)*
Mehrsprachigkeit als Schlüsselkompetenz: Theorie und Praxis in Lehr- und Lernkontexten
Akten zur gleichnamigen Sektion des XXX. Deutschen Romanistentages an der Universität Wien (23.-27. September 2007)
ISBN 978-3-89821-856-6

18 *Dieter Gerstmann*
Bibliographie Französisch
Autoren
ISBN 978-3-89821-872-6

19 *Serge Vanvolsem e Laura Lepschy*
Nell'Officina del Dizionario
Atti del Convegno Internazionale organizzato dall'Istituto Italiano di Cultura
Lussemburgo, 10 giugno 2006
ISBN 978-3-89821-921-1

20 *Sandra Maria Meier*
„È bella, la vita!"
Pragmatische Funktionen segmentierter Sätze im *italiano parlato*
ISBN 978-3-89821-935-8

21 *Daniel Reimann*
Italienischunterricht im 21. Jahrhundert
Aspekte der Fachdidaktik Italienisch
ISBN 978-3-89821-942-6

22 *Manfred Overmann*
Histoire et abécédaire pédagogique du Québec avec des modules multimédia prêts à l'emploi
Préface de Ingo Kolboom
ISBN 978-3-89821-966-2 (Paperback)
ISBN 978-3-89821-968-6 (Hardcover)

23 *Constanze Weth*
Mehrsprachige Schriftpraktiken in Frankreich
Eine ethnographische und linguistische Untersuchung zum Umgang mehrsprachiger Grundschüler mit Schrift
ISBN 978-3-89821-969-3

24 *Sabine Klaeger und Britta Thörle (edd.)*
Sprache(n), Identität, Gesellschaft
Eine Festschrift für Christine Bierbach
ISBN 978-3-89821-904-4

25 *Eva Leitzke-Ungerer (ed.)*
Film im Fremdsprachenunterricht
Literarische Stoffe, interkulturelle Ziele, mediale Wirkung
ISBN 978-3-89821-925-9

26 *Raúl Sánchez Prieto*
El presente y futuro en español y alemán
ISBN 978-3-8382-0068-2

27 *Dagmar Abendroth-Timmer, Christiane Fäcke, Lutz Küster und Christian Minuth (edd.)*
Normen und Normverletzungen
Aktuelle Diskurse der Fachdidaktik Französisch
ISBN 978-3-8382-0084-2

28 *Georgia Veldre-Gerner und Sylvia Thiele (edd.)*
Sprachvergleich und Sprachdidaktik
ISBN 978-3-8382-0031-6

29 *Michael Frings und Eva Leitzke-Ungerer (edd.)*
Authentizität im Unterricht romanischer Sprachen
ISBN 978-3-8382-0095-8

30 *Gerda Videsott*
Mehrsprachigkeit aus neurolinguistischer Sicht
Eine empirische Untersuchung zur Sprachverarbeitung viersprachiger Probanden
ISBN 978-3-8382-0165-8 (Paperback)
ISBN 978-3-8382-0166-5 (Hardcover)

31 *Jürgen Storost*
Nicolas Hyacinthe Paradis (de Tavannes)
(1733 - 1785)
Professeur en Langue et Belles-Lettres Françoises, Journalist und Aufklärer
Ein französisch-deutsches Lebensbild im 18. Jahrhundert
ISBN 978-3-8382-0249-5

32 *Christina Reissner (ed.)*
Romanische Mehrsprachigkeit und Interkomprehension in Europa
ISBN 978-3-8382-0072-9

33 *Johannes Klare*
Französische Sprachgeschichte
ISBN 978-3-8382-0272-3

34 *Daniel Reimann (ed.)*
Kulturwissenschaften und Fachdidaktik Französisch
ISBN 978-3-8382-0282-2

35 *Claudia Frevel, Franz-Josef Klein & Carolin Patzelt (edd.)*
Gli uomini si legano per la lingua
Festschrift für Werner Forner zum 65. Geburtstag
ISBN 978-3-8382-0097-2

36 *Andrea Seilheimer*
Das grammatikographische Werk Jean Saulniers
Französischsprachige Terminologie und Sprachbetrachtung in der *Introduction en la langue espagnolle* (1608) und der *Nouvelle Grammaire italienne et espagnole* (1624)
ISBN 978-3-8382-0364-5

37 *Angela Wipperfürth*
Modeterminologie des 19. Jahrhunderts in den romanischen Sprachen
Eine Auswertung französischer, italienischer, spanischer und portugiesischer Zeitschriften
ISBN 978-3-8382-0371-3

38 *Raúl Sánchez Prieto, M.ª Mar Soliño Pazó (edd.)*
Contrastivica I
Aktuelle Studien zur Kontrastiven Linguistik Deutsch-Spanisch-Portugiesisch I
ISBN 978-3-8382-0328-7

39 *Nely Iglesias Iglesias (ed.)*
Contrastivica II
Aktuelle Studien zur Kontrastiven Linguistik Deutsch-Spanisch-Portugiesisch II
ISBN 978-3-8382-0398-0

40 *Eva Leitzke-Ungerer, Gabriele Blell, Ursula Vences (edd.)*
English-Español: Vernetzung im kompetenzorientierten Spanischunterricht
ISBN 978-3-8382-0305-8

41 *Marie-Luise Volgger*
Das multilinguale Selbst im Fremdsprachenunterricht
Zur Mehrsprachigkeitsbewusstheit lebensweltlich mehrsprachiger Französischlerner(innen)
ISBN 978-3-8382-0449-9

42 *Jens Metz*
Morphologie und Semantik des Konjunktivs im Lateinischen und Spanischen
Eine vergleichende Analyse auf der Grundlage eines Literaturberichts
ISBN 978-3-8382-0484-0

43 *Manuela Franke und Frank Schöpp (edd.)*
Auf dem Weg zu kompetenten Schülerinnen und Schülern
Theorie und Praxis eines kompetenzorientierten Fremdsprachenunterrichts im Dialog
ISBN 978-3-8382-0487-1

44 *Bianca Hillen, Silke Jansen & Andre Klump (edd.)*
Variatio verborum: Strukturen, Innovationen und Entwicklungen
im Wortschatz romanischer Sprachen
Festschrift für Bruno Staib zum 65. Geburtstag
ISBN 978-3-8382-0509-0

45 *Sandra Herling und Carolin Patzelt (edd.)*
Weltsprache Spanisch
Variation, Soziolinguistik und geographische Verbreitung des Spanischen
Handbuch für das Studium der Hispanistik
ISBN 978-3-89821-972-3

46 *Aline Willems*
Französischlehrwerke im Deutschland des 19. Jahrhunderts
Eine Analyse aus sprachwissenschaftlicher, fachdidaktischer
und kulturhistorischer Perspektive
ISBN 978-3-8382-0501-4 (Paperback)
ISBN 978-3-8382-0561-8 (Hardcover)

47 *Eva Leitzke-Ungerer und Christiane Neveling (edd.)*
Intermedialität im Französischunterricht
Grundlagen und Anwendungsvielfalt
ISBN 978-3-8382-0781-0

48 *Manfred Prinz,*
Rap RoMania: Jugendkulturen und Fremdsprachenunterricht
Band 1: Spanisch/Französisch
ISBN 978-3-8382-0781-0

49 *Karoline Henriette Heyder*
Varietale Mehrsprachigkeit
Konzeptionelle Grundlagen, empirische Ergebnisse aus der Suisse romande und didaktische Implikationen
ISBN 978-3-8382-0618-9

50 *Daniel Reimann*
Transkulturelle kommunikative Kompetenz in den romanischen Sprachen
Theorie und Praxis eines neokommunikativen und kulturell bildenden Französisch-, Spanisch-, Italienisch- und Portugiesischunterrichts
ISBN 978-3-8382-0362-1 (Paperback)
ISBN 978-3-8382-0363-8 (Hardcover)

51 *Beate Valadez Vazquez*
Ausprägung beruflicher Identitätsprozesse von Fremdsprachenlehrenden am Beispiel der beruflichen Entwicklung von (angehenden) Spanischlehrerinnen und Spanischlehrern
Eine qualitative Untersuchung
ISBN 978-3-8382-0635-6

52 *Georgia Veldre-Gerner und Sylvia Thiele (edd.)*
Sprachen und Normen im Wandel
ISBN 978-3-8382-0461-1

53 *Stefan Barme*
Einführung in das Altspanische
ISBN 978-3-8382-0803-9

ibidem-Verlag / *ibidem* Press
Melchiorstr. 15
70439 Stuttgart
Germany

ibidem@ibidem.eu
ibidem.eu